EVA-MARIA HOFFLEIT & PHILIPP LAWITSCHKA

YE·OLDE KITCHEN GOOD FOOD

KOCHEN GÄRTNERN NACHHALTIG LEBEN

ALTES KÜCHENWISSEN NEU ENTDECKEN

südwest

INHALT

HERBST:

WINTER:

VORWORT

Die Idee zu diesem Buch ist schon vor vielen Jahren entstanden, und wir freuen uns sehr, sie hiermit zu verwirklichen. Die Themen saisonale Ernährung, Gärtnern und Nachhaltigkeit begleiten uns schon lang. Kochen und Gärtnern sind unsere großen Leidenschaften. Mit der ersten gemeinsamen Wohnung samt großem Balkon wurde die Lust auf eine Selbstversorgung mit Obst, Gemüse und Kräutern größer, und wir begannen, exzessiv in Töpfen, Säcken und Pflanzkisten anzubauen. Dazu bestellten wir ein Biokistenabonnement, das uns seit Jahren wöchentlich mit regionalen, saisonalen Produkten versorgt. Um unsere Erfolge, aber auch die Misserfolge beim Gärtnern und die Rezepte, die daraus entstehen, festzuhalten, gründeten wir im Jahr 2015 unseren Blog „Ye Olde Kitchen". Dort gibt es saisonale Alltagsrezepte, Eingemachtes „wie bei Omma" sowie Ideen für Balkon und Garten. Außerdem geben wir Einblicke in unser Leben hin zu mehr Nachhaltigkeit, haben Tipps und verraten Tricks zu Plastikvermeidung und weniger Lebensmittelverschwendung, teilen Anleitungen für Selbstgemachtes und einen umweltbewussten Umgang mit Mensch und Tier.

Viel Spaß beim Lesen, Gärtnern und Kochen wünschen

Eva-Maria Hoffleit   Philipp Lanitschka

DAS BUCH

„Ye Olde Kitchen – Kochen, gärtnern, nachhaltig leben" soll den Anstoß dazu geben, sich mit saisonalem Obst und Gemüse auseinanderzusetzen. Saisonal zu kochen ist abwechslungsreich und fordert einen heraus, in der Küche kreativ zu werden. Die Rezepte sind unkompliziert und meistens innerhalb von 30 Minuten zubereitet. Denn Kochen soll Spaß machen, und dafür muss man nicht mehrere Stunden in der Küche stehen. Es muss auch nicht immer ein mehrgängiges Menü sein, gleichwohl lassen sich die hier versammelten Rezepte sehr gut miteinander zu Menüabfolgen kombinieren. Alle Rezepte finden sich in unserer Alltagsküche wieder. Teilweise haben wir besonders beliebte Rezepte unseres Blogs hineingenommen, die meisten Rezepte haben wir jedoch nur für das Buch kreiert.

Da wir den Fokus auf saisonale Produkte legen, finden sich im Buch rein vegetarische oder vegane Gemüse- und Obstgerichte. Die Rezepte konzentrieren sich meist auf eine bestimmte, zur jeweiligen Jahreszeit erhältliche Sorte. Es gibt Suppen, Pestos, Salate und passende Dressings, warme und kalte Hauptgerichte, Eingemachtes und Süßes. Die Rezepte sind, sofern nicht anders angegeben, für vier Personen ausgelegt.

Wichtig ist uns, dass hochwertige Produkte verarbeitet werden. Bei Obst, Gemüse und Kräutern greifen wir am liebsten zu der biologisch erzeugten Ware. Da wir unser Gemüse mit wenigen Ausnahmen samt Schale essen, ist dies besonders wichtig. Im Buch fehlt bei der Zubereitung meistens ganz bewusst der Hinweis auf das Schälen. Das darf natürlich jede*r für sich selbst entscheiden. Man sollte bedenken, dass in der Schale häufig die meisten Vitamine stecken und das Schälen selbst rein optische Wirkung hat.

Die Grundlage zum Würzen bilden natürlich Salz und Pfeffer. Pfeffer mahlen wir immer frisch aus bunten Pfefferkörnern. In den Rezepten machen wir keine genaue Angabe zur Dosierung von Salz und Pfeffer, da die Geschmäcker ja bekanntlich verschieden sind. Selbst wir sind uns teilweise uneins über die Menge von Salz.

Bei den meisten Rezepten verwenden wir entweder neutrales Rapsöl oder natives Olivenöl. Je nach Geschmack darf und soll hier variiert werden. Überhaupt versteht sich das ganze Buch als Inspirationsquelle und lädt zum Ausprobieren ein. Wir geben zu vielen Gemüsesorten weitere Kombinationsmöglichkeiten an und laden damit alle herzlich ein, in der Küche kreativ zu werden.

EINLEITUNG

- UND WARENKUNDE -

Nachhaltigkeit in der Küche fängt beim Einkaufen und Verarbeiten von saisonalen und regionalen Produkten an. Das Anlegen eines Kräutergartens auf der Fensterbank und das Gärtnern in Hochbeeten oder im eigenen Garten schärfen die Sinne für den Wert der Produkte. Beim Kochen kommen clevere Resteverwertung, richtige Lagerhaltung und das Einkochen saisonaler Köstlichkeiten hinzu.

good
FOOD
good
MOOD

SAISONALE ERNÄHRUNG

Die Natur hat mit dem Kreislauf der Jahreszeiten für die Kultivierung von Nahrungsmitteln durch den Menschen eine perfekte Grundlage geschaffen. In unserer globalisierten Welt ist dieser Kreislauf allerdings durchbrochen worden, da zumindest in ihrem westlichen Teil immer alles verfügbar zu sein scheint. Dies geht auf Kosten der Natur und früher oder später auch auf Kosten von uns allen.

Die saisonale Ernährung kann diesem Trend zumindest teilweise etwas entgegensetzen. Vereinfacht gesagt umfasst die saisonale Ernährung all das, was zu einer bestimmten Jahreszeit in der näheren Umgebung landwirtschaftlich produziert werden kann. Damit ist sie auch eine regionale Ernährung.

Letztendlich läuft es darauf hinaus, sich ein bisschen wie die Generation unserer Großeltern zu ernähren. Es kann eben nur das gegessen werden, was auch hier und jetzt wächst und gedeiht.

Warum saisonale Ernährung?

Es gibt einige Vorteile von saisonaler Ernährung, das fängt beispielsweise bei Geschmack und Reifegrad von Obst und Gemüse an. Wer schon einmal Tomaten aus dem eigenen Garten beziehungsweise von einem Gemüsebauern aus der Gegend mit denen aus dem Supermarkt verglichen hat, wird nicht bestreiten können, dass aromatische Welten zwischen beiden liegen.

Durch die regionale Verfügbarkeit werden gleichzeitig enorme Transportwege eingespart. Oftmals weiß man überdies genauer, wo die Produkte herkommen. Zumindest dann, wenn man bei lokalen Erzeugern einkauft. Viele lokale Erzeuger bieten inzwischen Hoftage an, zu denen der Betrieb besichtigt werden kann. Dabei kann man viel Wissenswertes über landwirtschaftliche Erzeugung erfahren, sei es nun biologisch oder konventionell produziert.

Aber nicht nur die Erzeuger und Händler vor Ort profitieren von der saisonalen Versorgung, auch der eigene Geldbeutel wird geschont. Produkte sind in der Regel preiswerter, wenn sie gerade Saison haben und nicht erst von dort herangeschafft werden müssen, wo dies aktuell der Fall ist.

Natürlich können auch saisonales Obst und Gemüse über die Saison hinaus gerettet werden: durch Haltbarmachung. Einkochen, Fermentieren, Einfrieren. Es gibt viele Möglichkeiten, die Produkte einer Saison für andere Jahreszeiten zu bewahren. Man muss im Winter nicht nur Kraut und Wurzelgemüse essen, wenn man im Sommer vorgesorgt hat, zum Beispiel durch Einlegen von Sommergemüse. Mehr zur Haltbarmachung findet sich im zugehörigen Kapitel weiter hinten in diesem Buch.

Nicht zuletzt bietet die saisonale Ernährung eine unglaubliche Vielfalt und bringt Abwechslung auf den Teller. Es gibt selbst im Herbst und Winter noch zahlreiche Möglichkeiten, mit dem jahreszeitlichen Angebot herrliche Gerichte zuzubereiten. Oder – um wieder einmal ein Tomatenbeispiel zu nennen – gibt es etwas Besseres als ein Butterbrot und dazu eine aufgeschnittene Tomate?

Wir haben im Rezeptteil des Buches versucht, diese Abwechslung abzubilden. Die unserer Meinung nach ziemlich einfachen Rezepte bieten einen Querschnitt durch das ganze Jahr an saisonalem Obst und Gemüse, das überall erhältlich sein sollte. Wir laden dazu ein, einfach mal etwas nachzukochen.

SAISONAL

EINKAUFEN

Im normalen Supermarkt oder Discounter gibt es das ganze Jahr über fast alles an Obst und Gemüse. Die vielzitierten Erdbeeren im Winter sind da nur das herausragendste Beispiel. Tomaten gibt es rund ums Jahr, auch wenn deren Aroma dann fast gar nicht mehr erkennbar ist. Produkte, die keine Saison haben, sind zudem wesentlich teurer. Natürlich bieten die Obst- und Gemüseabteilungen in Supermärkten saisonale Produkte an, dennoch gibt es Alternativen, die sowohl eine gewisse Saisonalität als auch Regionalität garantieren.

Wochenmärkte und Hofläden

Auf den Wochenmärkten werden hauptsächlich saisonale Produkte angeboten. In Hofläden kann Obst und Gemüse direkt vom Erzeuger eingekauft werden.

Obst- und Gemüsekisten

Dieser Lieferservice wird inzwischen von vielen Erzeugern angeboten. Wöchentlich kommt eine Kiste mit einer Auswahl an Obst und/oder Gemüse direkt nach Hause – normalerweise mit den eigenen Produkten des Erzeugers, manchmal auch mit hinzugekauften Produkten. Es handelt sich dabei sozusagen um die mobile Version des Hofladens.

Eigener Garten oder Balkon

All jene, die über einen eigenen Garten verfügen, können hier mit dem saisonalen Anbau von Obst und Gemüse direkt beginnen. Zur kompletten Selbstversorgung wird es im Normalfall nicht reichen, aber der Anbau im eigenen Nutzgarten macht Spaß und ergänzt den Speiseplan mit saisonalen Produkten, die man selbst von der Aufzucht bis zur Ernte verfolgt hat.

Doch auch schon ein Balkon eignet sich zum Eigenanbau von einfachen Kräutertöpfen über Tomaten und Gurken bis hin zu Kartoffeln – fast alles lässt sich hier selbst anpflanzen. Voraussetzung ist ein bisschen Platz.

Anbauflächen mieten

Inzwischen bieten Onlineportale, Vereine oder privat organisierte Gruppen die Möglichkeit, einen Garten oder eine Fläche zur Bewirtschaftung zu mieten. Einzige Voraussetzung ist dabei, dass die Fläche tatsächlich als Nutzgarten verwendet wird.

Solidarische Landwirtschaft

Für alle, die keinen eigenen Garten oder Balkon haben, gibt es seit einiger Zeit auch immer mehr Angebote durch Projekte in der solidarischen Landwirtschaft (Solawi). Dabei arbeiten landwirtschaftliche Betriebe mit privaten Haushalten zusammen, letztere bezahlen einen im Voraus festgelegten Betrag an den Betrieb und erhalten im Gegenzug den entsprechenden Anteil an der Ernte.

NACHHALTIGE KÜCHE

Die saisonale Ernährung ist ein Baustein einer nachhaltigeren Küche, aber natürlich nicht der einzige. Prinzipiell haben wir unsere Küche schon seit ein paar Jahren nachhaltiger gestaltet. Dazu gehört vor allem, dass bei uns eigentlich alles verwertet wird. Selbst Gemüseanschnitte werden bei uns in einer Schale im Gefrierschrank gesammelt und wenn genug vorhanden sind, zu einer Brühe gekocht.

Man kann natürlich alles übertreiben (das Rezept dazu gibt es weiter unten). Aber oftmals sind die Mahlzeiten, die aus Resten zusammengebastelt wurden, die besten. Es geht nichts über einen Salat aus schon viel zu hartem Brot, das in etwas Olivenöl in der Pfanne angeröstet wurde, dazu ein paar Gurken, Tomaten und Zwiebeln würfeln und schon hat man einen herrlichen Brotsalat. Für das Restekochen benötigt man nur eine grundlegende Wertschätzung gegenüber Lebensmitteln, ein bisschen Kreativität und Experimentierfreude.

Die richtige Lagerhaltung spielt ebenfalls eine wichtige Rolle. Viele Lebensmittel müssen heutzutage weggeworfen werden, weil zu viel oder zu viel Falsches gekauft beziehungsweise weil sie falsch gelagert wurden oder man das Mindesthaltbarkeitsdatum zu ernst nimmt. Wir haben viele trockene Produkte im Vorratsschrank, die wir normalerweise auch über das Verfallsdatum hinaus fast restlos aufbrauchen, bevor wir Nachschub besorgen.

Wenn wir zu viel frische Produkte haben, also vor allem Obst und Gemüse aus dem Garten, dann frieren wir sie ein. Meistens werden sie schon verbrauchsgerecht aufbereitet. Obst wird dabei entsteint, Gemüse schneiden wir in mundgerechte Stücke.

REZEPT FÜR

GEMÜSEBRÜHE

ZUTATEN:

- 2 Zwiebeln und 1 Knoblauchzehe auf 500 g Gemüseabschnitte
- Schalen und Abschnitte von Gemüse, zum Beispiel von Zwiebeln, Knoblauch, Sellerie, Ingwer, Kartoffeln, Karotten, Pastinaken, Petersilienwurzeln oder der Abschnitt und der obere, sehr zähe grüne Teil vom Lauch, der Strunk von Rotkohl, Weißkohl und Wirsing, sämtliche schrumpeligen Kühlschrankveteranen (wie bei uns oft Karotten und Rote Beten), dazu kann man natürlich noch frisches Gemüse geben, beispielsweise je nach Saison Tomaten, Paprika, Staudensellerie, Kohlsorten und verschiedene Rüben.
- Kräuter: zum Beispiel Petersilie, Liebstöckel, je 1–2 Stängel bzw. Zweige Majoran, Oregano, Ysop, Thymian, Rosmarin, vor allem sämtliche Kräuterstängel, 1–2 Lorbeerblätter
- Gewürze (jeweils maximal 1 TL): Pfefferkörner, Chiliflocken, Pimentkörner, Wacholderbeeren, Korianderkörner, Kreuzkümmelsamen, Sojasauce

ZUBEREITUNG:

- Zwiebeln und Knoblauch halbieren und auf der Schnittfläche mit Öl im Topf anbraten. Nach und nach das grob zerkleinerte Gemüse dazugeben und anschwitzen. Mit Wasser bedecken, Kräuter und Gewürze hinzufügen.
- Das Ganze mindestens 1 Stunde sanft köcheln lassen. Die Brühe durch ein feines Sieb oder Passiertuch abseihen und mit Salz abschmecken.
- Wird die Brühe nicht gleich weiterverwendet, kocht man sie entweder in Gläsern ein oder gibt sie in Gläsern in den Gefrierschrank (dann Flüssigkeiten vorher ganz abkühlen lassen und Gläser nicht bis zum Rand füllen).

EINKOCHEN, EINLEGEN UND

FERMENTIEREN

– DIE SAISON VERLÄNGERN

Lebensmittel zu konservieren, ist die perfekte Art und Weise, die Saison von Obst- und Gemüsesorten zu verlängern. Das haben unsere Großmütter und auch deren Großmütter schon gewusst und die Vorratskammern und -schränke waren gefüllt mit allerlei bunten Köstlichkeiten. Das Wissen und die Rezepte nutzen wir heute und entwickeln sie weiter. Je nachdem, welche Konservierungsmethode man wählt, verändert sich der Geschmack des Grundprodukts. So erhält man aus jeder Gemüse- und Obstsorte zahlreiche Geschmacksnuancen und kann den Vorratsschrank mit den unterschiedlichsten Variationen bestücken.

Wichtig für das Einkochen, Einlegen und Fermentieren ist, dass man frisches Obst und Gemüse verwendet, die Arbeitsgeräte sauber sind und man die Gläser und Flaschen vorher sorgfältig sterilisiert. Am besten funktioniert das, wenn man die Gläser und Deckel kurz vor Gebrauch auskocht und dann auf ein sauberes Tuch stellt.

Zum Haltbarmachen kann man Essig, Salz, Zucker, Öl oder Alkohol nutzen. Die Zutaten lassen sich kombinieren, beispielsweise Essig und Zucker oder Essig und Öl. Mit der Auswahl unterschiedlicher Sorten oder der Zugabe von Gewürzen kann man den Geschmack variieren. Typische Gewürze sind Senfkörner, Kümmelsamen, Piment- und Pfefferkörner, Chiliflocken oder ganze Schoten, Vanilleschoten, Nelken, Zimtstangen oder Kardamomkapseln.

Es gibt zahlreiche Arten, ein Produkt zu konservieren. Man kann Kräuter in Essig oder Öl einlegen und damit das Öl aromatisieren. Es gibt schnell gepickeltes Gemüse, das schon nach ein paar Stunden verzehrbereit ist. Pesto wird kalt gerührt und mit einer Schicht aus Öl für ein paar Wochen haltbar gemacht. Man kann aber auch durch längeres Einkochen in speziellen Einkochtöpfen oder im Backofen die Haltbarkeitszeit steuern.

Wir pasteurisieren alles, was länger halten soll, wie Tomatensauce, Ratatouille oder verschiedene Obstsorten, im Backofen. Dafür heizen wir den Backofen auf 100 °C Umluft vor. Ein tiefes Blech auf unterer Schiene im Ofen wird etwa 3 Zentimeter hoch mit Wasser gefüllt. Die Gläser mit dem Einkochgut stellen wir auf das Blech, ohne dass sich die Gläser berühren. Nun werden die Gläser so lange eingekocht, bis sich Bläschen in den Gläsern bilden. Dann den Ofen ausschalten und die Gläser mindestens weitere 30 Minuten im Ofen stehen lassen.

Essig

Essig eignet sich hervorragend zum Haltbarmachen. Die im Essig enthaltene Säure verhindert die Entwicklung von Bakterien

im Eingelegten. Je nach verwendeter Essigsorte verändert sich der Geschmack des Grundprodukts: Weißweinessig ist mild und aromatisch, naturtrüber Apfelessig ist dunkler und hat ein fruchtiges Aroma, Rotweinessig verleiht ein intensiveres Aroma und eine sehr dunkle Farbe. Für asiatische Pickles verwendet man meistens Reisessig, der sehr mild im Geschmack ist.

Salz

Salz wirkt hervorragend als Konservierungsmittel, weil es den Produkten Wasser entzieht. Lässt man Gemüse vor dem Verarbeiten über Nacht in Salzwasser liegen, nimmt es das Salzwasser auf und bleibt knackiger. Man kann Lebensmittel trocken oder in einer Salzbeize einlegen. Dafür verwendet man Steinsalz oder Meersalz ohne Zusatzstoffe.

Zucker

Ob Marmelade, Sirup, Saft oder Gelee, Zucker verstärkt das Aroma und konserviert. Aber auch für Chutneys oder süß-sauer eingelegtes Gemüse benötigt man ein Süßungsmittel. Weißer Raffinadezucker hat ein zartes Aroma und wird für klare Flüssigkeiten verwendet. Brauner Rohrzucker, Rübenzucker oder Ahornsirup haben ein karamellartiges Aroma und eignen sich besonders gut für Chutneys. Bei Honig ist der Geschmack je nach Sorte unterschiedlich.

Öl

Gemüse und Kräuter lassen sich sehr gut in Öl konservieren. Dabei ist nur darauf zu achten, dass alles vollständig von Öl bedeckt wird und keine Luftblasen mit eingeschlossen werden. Man kann das Gemüse vorher anbraten oder in einem Essigsud garen.

Alkohol

In Alkohol lassen sich Früchte sehr gut einlegen, denn dieser tötet alle Mikroorganismen ab. Dafür eignen sich alle Spirituosen, deren Alkoholgehalt über 40 Vol.-% liegt. Der Alkohol kann pur verwendet werden oder man gibt zusätzlich Zucker und Gewürze dazu.

GÄRTNERN FÜR ANFÄNGER

Das eigene Obst und Gemüse, aber auch Kräuter und Blumen selbst anzubauen, macht unfassbar viel Freude. Wenn man den Pflanzen, die man selbst ausgesät hat, beim Wachsen zuschaut, sie pflegt und hegt, ist das ein sehr befriedigendes Gefühl. Man bekommt einen Blick für die Abläufe der Natur, man achtet auf einmal ganz anders auf den Wetterbericht und freut sich über kühlenden Regen nach einigen trockenen Tagen noch viel mehr als sonst. Um mit dem Gärtnern anzufangen, ist es nie zu spät und man benötigt für den Start nicht viel. Ein paar Gefäße, Erde, Samen und Wasser – schon kann es losgehen. Nur etwas Zeit sollte man immer übrighaben, denn die Pflanzen möchten kontinuierlich gehegt oder zumindest täglich gegossen werden.

Egal ob Fensterbank, Balkon, Terrasse oder der eigene Garten, Platz für Obst und Gemüse findet sich nahezu überall. Die eigene Ernte bereichert den saisonalen Speiseplan noch einmal besonders, denn das selbst gezogene Grün schmeckt gleich doppelt so gut.

Die richtigen Gefäße

Pflanzen lassen sich in fast jedem Gefäß ziehen. Man sollte darauf achten, dass das Gießwasser ablaufen kann. Außerdem ist zu bedenken, dass Pflanzen Platz brauchen, um sich gut zu entwickeln. Wer eine reiche Beerenernte haben möchte, darf nicht an der Topfgröße sparen.

Klassisch baut man in Hochbeeten, Balkonkästen oder Kübeln beziehungsweise großen und kleinen Töpfen an. Aber auch Körbe, alte Taschen, Säcke oder ausrangierte Küchengefäße wie Töpfe, Siebe oder Eimer können benutzt werden. Selbst größere Konservendosen eignen sich als Blumentopf.

Hochbeete und Pflanzkisten gibt es in verschiedenen Größen und man kann darin richtige Mischkulturen wie im Gartenbeet anbauen.

Hat man sehr wenig Platz, bietet es sich an, in die Höhe zu pflanzen. Man kann zum Beispiel in einem Regal einen Topfgarten auf mehreren Etagen entstehen lassen oder baut ein vertikales Palettenbeet. Dafür wird eine normale Holzpalette mit Pflanztaschen ausgekleidet, diese werden mit Erde gefüllt und bepflanzt.

Standortverhältnisse

Bevor man mit dem Gärtnern loslegen kann, sollte man die Standortverhältnisse kennen. Wie sind die Lichtverhältnisse, stehen die Pflanzen vollsonnig, im Halbschatten oder gibt es gar ganz schattige Plätze? Für jeden Standort gibt es die richtigen Pflanzen. Darauf sollte man bei der Pflanzenauswahl unbedingt achten.

Wasserversorgung

Wichtig beim Gärtnern in Kübeln, Hochbeeten, Töpfen und ähnlichen Gefäßen ist das regelmäßige Gießen. Wenn man die Möglichkeit hat, benutzt man immer größere Gefäße, die nicht so schnell austrocknen. Vor Austrocknung schützen können auch Untersetzer und eine Mulchschicht aus Stroh oder Grasschnitt. Wer wie wir auf einem Balkon in Südlage gärtnert, muss im Sommer jeden Tag ein- bis zweimal gießen. Man sollte nie in der Mittagshitze gießen, sondern entweder morgens oder abends, damit so wenig wie möglich Wasser verdunstet. Gegossen wird im Wurzelbereich und nicht direkt über der ganzen Pflanze. So verdunstet ebenfalls weniger Wasser und man verringert das Risiko von Pilzkrankheiten.

Pflanzenporträts

Beim Gärtnern kommt es viel auf das Beobachten und Ausprobieren an. Welche Sorte wächst in welchem Gefäß am besten? Kommt die Pflanze mit dem sonnigen Standort zurecht? Welche Pflanze benötigt viele Nährstoffe, welcher reicht ein magerer Boden? Welche Pflanzen können in Mischkultur zusammen in einem Topf wachsen? Man sammelt Erfahrungen, oft wird etwas misslingen und jedes Jahr ist anders. Aber man wird mit einem bunten Paradies und der eigenen Ernte belohnt.

Es gibt wahrscheinlich nur sehr wenige Pflanzen, die nicht unbedingt erfolgversprechend auf Balkon und Terrasse angebaut werden können. Bei uns stehen auf der Südseite des Balkons Granatapfel- und Zitronenbäumchen. Hier haben wir schon Kartoffeln, Pfirsiche, Maiskolben, Erdbeeren, Süßkartoffeln und Johannisbeeren geerntet.

Nachfolgend haben wir ein paar Gemüse- und Obstsorten aufgelistet, die sich nicht nur für den Freilandanbau eignen, sondern auch besonders gut im Topfgarten gedeihen.

Tomaten

Standort: sonnig, geschützt und warm

Pflege: Tomatenpflanzen sollten immer bis knapp unter das erste Blattpaar in die Erde eingepflanzt werden, damit sie mehr Wurzeln bilden. Regelmäßig düngen, sobald sie Blütenansätze bilden. Stabtomaten benötigen eine gute Stütze und sollten regelmäßig ausgegeizt werden. Dabei werden die sogenannten Geiztriebe in den Blattachseln entfernt. Dadurch erhöht sich die Qualität der Früchte, da die Pflanze ihre Energie in den Haupttrieb stecken kann.

Gefäß: Gewächshaus, Hochbeet, Topf, Ampel

Gartensalate (Kopf-, Eis- und Eichblattsalate, Batavia, Endivien)

Standort: halbschattig

Pflege: Dünn auf die Erdoberfläche säen, nicht oder nur wenig bedecken und immer feucht halten. Nach dem Austrieb die Keimlinge ausdünnen. Geerntet werden entweder der ganze Kopf oder einzelne äußere Blätter nach Bedarf. Lässt man den Strunk stehen, treibt er neu aus.

Gefäß: Hochbeet, Balkonkasten, Palettenbeet, Kiste

Radieschen

Standort: sonnig bis halbschattig

Pflege: Keimlinge unbedingt ausdünnen. Dabei werden überzählige Keimlinge entfernt, weil eventuell zu viel gesät wurde. Dadurch haben die restlichen Pflanzen genug Platz, um sich zu entwickeln. Radieschen sind nach vier bis sechs Wochen erntereif. Am besten sät man alle zwei Wochen einen Satz, damit man regelmäßig ernten kann.

Gefäß: Balkonkasten, Hochbeet, Korb, Kiste

Stangenbohnen

Standort: sonnig bis halbschattig

Pflege: Bohnen werden erst ausgesät, wenn der Boden sich auf mindestens 10 °C erwärmt hat. Je nach Witterung ist das ab Anfang Mai der Fall. Man sät immer in Horsten, sprich etwa fünf bis sechs Samen pro Stange oder Schnur, an der sich die Bohnen hochranken. Die Bohnen benötigen während der Fruchtausbildung viel Wasser.

Gefäß: Hochbeet, Topf, Kiste

Erdbeeren

Standort: sonnig

Pflege: Es gibt immer tragende und einmal tragende Sorten. Erdbeeren sind sehr unkomplizierte Pflanzen. Sie benötigen nur eine Mulchschicht aus Stroh oder Grasschnitt, damit die Früchte trocken aufliegen und nicht so schnell von Schimmel befallen werden. Man sollte sie regelmäßig gießen, denn während der Fruchtausbildung brauchen sie viel Wasser. Vermehren lassen sie sich über oberirdische Ausläufer. Diese bedeckt man mit etwas Erde, lässt sie bewurzeln und kappt danach die Verbindung zur Mutterpflanze.

Gefäß: Balkonkasten, Topf, Ampel, Kiste, Hochbeet

Physalis

Standort: sonnig und geschützt

Pflege: Die Physalis, auch Andenbeere oder Kapstachelbeere genannt, ist ein Nachtschattengewächs und zählt eigentlich zum Gemüse. Sie mag es besonders warm. Am besten gedeiht sie in Südlage geschützt an der Hauswand. Dort kann sie zu einem bis zu zwei Meter hohen, sehr breitwüchsigen Busch heranwachsen. Die Früchte reifen in kleinen lampionförmigen Hüllen. Werden diese Hüllen braun, trocknen und platzen auf, sind die Früchte reif.

Gefäß: Topf, Kiste

Stachelbeeren

Standort: halbschattig

Pflege: Stachelbeeren werden als Sträucher oder als Hochstämmchen angeboten, beide Formen eignen sich für den Anbau im großen Topf. Im Februar sollte man alle Triebspitzen abschneiden, weil dort der Stachelbeermehltau überwintert. Stachelbeeren freuen sich über regelmäßiges Düngen und bevorzugen einen kalkhaltigen Boden.

Gefäß: großer Topf

Blumen für die Insekten

Für ein buntes Pflanzenparadies setzen wir in alle Zwischenräume Blumen. Am besten sucht man ungefüllte Sorten aus, die viel Nektar und Pollen für Insekten liefern. Es gibt auch zahlreiche Samenmischungen speziell für insektenfreundliche Blühstreifen. Diese kann man nicht nur im Garten aussäen, sie gedeihen auch in Töpfen oder Balkonkästen. Eine blühende Vielfalt zieht Insekten an, die für die Bestäubung sorgen und damit auch für eine reichere Ernte. Verschiedene Blühpflanzen unterstützen darüber hinaus das Wachstum und den Geschmack vieler Gemüse- und Obstarten und schützen vor Krankheiten und Schädlingsbefall. Pflanzt man Kapuzinerkresse zu Bohnen, Rosen oder Obstbäumen, lockt sie mit ihrem intensiven Geruch Blattläuse an und die Nachbarpflanzen bleiben verschont. Ringelblumen und Tagetes sollen bei Kartoffeln und Tomaten Nematoden fernhalten.

DER EIGENE

KRÄUTERGARTEN

Kräuter sind aus unserer Küche nicht wegzudenken und haben einen festen Platz im Garten, auf dem Balkon und sogar auf unseren Fensterbänken. Die meisten Kräuter sind unkompliziert im Anbau und über die Jahre lässt sich ein vielfältiger Kräutergarten anlegen. Dabei sollte man vor allem auf die richtigen Standortbedingungen der einzelnen Pflanzen achten. Mediterrane Kräuter wie Rosmarin, Thymian oder Salbei mögen einen sonnigen, nicht zu feuchten Standort, während Liebstöckel, Minze, Schnittlauch, Kerbel und Petersilie auch sehr gut im Halbschatten gedeihen. Geerntet werden Kräuter am besten an einem sonnigen Mittag, denn zu dieser Tageszeit ist die Konzentration der ätherischen Öle am höchsten. Man sollte die Kräuter immer von außen nach innen abernten, so können sich neue Triebe bilden und man hat länger etwas von den Pflanzen. Wir lassen unsere Kräuter gern in Blüte gehen und sammeln die Samen, um sie als Gewürz oder im Tee zu verwenden und um Saatgut für die kommende Saison zu sichern. An den Blüten erfreuen sich nicht nur die Insekten, sie sind auch ein Hingucker auf dem Teller. Blüten von Borretsch, Koriander, Schnittlauch oder Dill schmecken nicht nur köstlich, sie peppen jeden Salat mit Farbe auf. Neben den üblichen Küchenkräutern dürfen bei uns ausgefallenere Pflanzen nicht fehlen: Zitronenverbene, Sauerampfer, Ysop, Sauerklee oder verschiedene Minzesorten haben bei uns auf dem Balkon und im Garten feste Plätze.

Wer keinen Garten oder Balkon hat, muss deshalb nicht auf frisches Grün verzichten. Viele Kräuter lassen sich hervorragend auf der Fensterbank ziehen. Man kann entweder selbst verschiedene Kräuter aussäen oder sie vorgezogen in Töpfen kaufen. Für die eigene Anzucht eignen sich Basilikum, Petersilie, Koriander und Schnittlauch besonders gut. Petersilie mag es gern hell, aber nicht zu heiß. Am besten eignet sich da ein Fenster in Ost- oder Westausrichtung. Basilikum darf auch am vollsonnigen Fenster stehen, man muss es nur regelmäßig gießen, damit es nicht eingeht.

Kräuter haltbar machen

Trocknen Kräuter lassen sich durch Trocknen problemlos haltbar machen. Man zupft die Blätter von den Stängeln und breitet sie auf einem Küchentuch oder einem Geschirrtuch aus. Am schnellsten funktioniert es, wenn man die Kräuter im Sommer in der Sonne trocknet. Schnittlauch und Petersilie werden vor dem Trocknen am besten schon grob gehackt. Aus Estragon, Liebstöckel, Petersilie, Dill und Schnittlauch lassen sich so ganz einfach getrocknete Kräutermischungen herstellen, die man zum Salatdressing geben kann.

Holzige Kräuter wie Salbei, Rosmarin, Thymian, Lorbeer oder Bohnenkraut werden zu Kräutersträußen gebunden und an einem luftigen, trockenen Ort aufgehängt. Die bunten Kräutersträuße eignen sich hervorragend als kleines Gastgeschenk.

Einfrieren: Viele Kräuter lassen sich sehr gut einfrieren. Dafür hackt man sie, füllt sie in Schraubgläser und stellt sie in den Gefrierschrank. Besonders gut geeignet sind Petersilie, Dill, Schnittlauch, Liebstöckel und Koriander. Die eingefrorenen Kräuter bereichern Suppen, Quarkspeisen oder Salate.

Einsalzen: Grundsätzlich können alle Kräuter auch eingesalzen werden. Dazu hackt man sie möglichst fein, mischt sie mit Meersalz und lässt das Ganze ein paar Stunden durchziehen, bevor man das Kräutersalz in sterilisierte Gläser (siehe Seite 16) füllt. Es kann sortenrein sein oder man stellt verschiedene Mischungen zusammen. Für Eintöpfe und Schmorgerichte eignet sich beispielsweise eine Mischung aus Lorbeer, Majoran und Liebstöckel. Wer möchte, kann das Kräutersalz zusätzlich trocknen, es hält sich aber auch im feuchten Zustand hervorragend.

Essig und Öl aromatisieren: Wie im Kapitel „Einkochen, Einlegen und Fermentieren" beschrieben, kann man den Geschmack verschiedener Kräuter durch Einlegen in Öl oder Essig konservieren. Man füllt dazu Essig oder Öl in sterilisierte Flaschen oder Gläser und gibt die jeweiligen Kräuter dazu. Dabei muss man darauf achten, dass alle Kräuterteile von Flüssigkeit umschlossen sind, damit sie nicht schimmeln.

SPROSSEN

SELBST ZIEHEN

Sprossen ziehen ist ganz einfach und man bringt mit ihnen gerade in den kalten Monaten Abwechslung auf den Tisch. Man kann Samen von Getreide, Hülsenfrüchten und Kohlgewächsen verwenden. Sprossen nennt man die Keimlinge, Microgreens sind die Stängel mit wenigen Blättern. Wichtig ist, dass die Samen nicht vollsonnig stehen, man auf Hygiene achtet und Biosaatgut verwendet.

Anbau

Für das Ziehen von Sprossen benötigt man flache Schalen oder tiefe Teller und ein Sieb. Im Handel kann man auch spezielle Sprossengläser oder Keimapparate kaufen. Alle Gefäße sollten heiß ausgewaschen werden, bevor man mit dem Sprossenziehen beginnt. Als Erstes wird das Keimgut über mehrere Stunden eingeweicht, danach spült man es in einem Sieb gut ab und stellt es im Keimgefäß an einen nicht zu sonnigen Standort. Zu achten ist darauf, dass die Temperatur dort nicht über 20 °C ansteigt. Wir ziehen unsere Sprossen immer in der Küche in Fensternähe. Je nach Sorte müssen die Samen ein- bis zweimal am Tag gewässert werden. Das heißt, man spült die Samen mit frischem Wasser gut durch und gießt das Wasser anschließend wieder ab. Die Sprossen müssen immer feucht gehalten werden. Im Zweifelsfall wässert man lieber einmal mehr. Vor dem Verzehr sollte man die Sprossen unbedingt noch einmal gut abspülen, da sich auf ihnen sehr leicht Keime bilden können. Die fertigen Sprossen können zum Beispiel in einem feuchten Küchentuch oder in einem Schraubglas zwei bis drei Tage im Kühlschrank lagern. Man isst sie roh, nur Sprossen von Hülsenfrüchten (Kichererbsen, Mungo-, Sojabohnen) muss man vorher kurz in kochendem Wasser blanchieren.

Keimsaat	Einweichzeit in Stunden	Keimdauer in Tagen
Radieschen	12	4–5
Mungobohnen	12	3–5
Bockshornklee	5	2–4
Linsen	12	2–3
Weizen	12	2–3
Senf	0,5	7–10
Rotkohl	8	7–10
Buchweizen	8	2–3
Alfalfa	8	7–10

FRÜHLING

- FRISCH UND VIELFÄLTIG -

Endlich grünt und blüht es wieder. Überall summen die Bienen und die Vögel zwitschern aus voller Kehle. Im Garten wird nun fleißig ausgesät und erste Jungpflanzen dürfen in die Beete einziehen. Auf dem Tisch landen die ersten Kräuter, frische Salate, knackige Radieschen und zarte Kohlrabi.

good FOOD good MOOD

KOHLRABI-

•CREMESUPPE•

ZUTATEN:

- 1 kg Kohlrabi
- 2 Zwiebeln
- Öl zum Braten
- 600 ml Gemüsebrühe
- 200 g Sahne
- etwas Zitronensaft
- Salz und Pfeffer

Zubereitungszeit:
15 Minuten +
30 Minuten Kochzeit

Kohlrabi essen wir am liebsten gekocht mit viel Butter und Petersilie oder als Rohkost mit Kräuterquark. Aus den ersten zarten Knollen im Frühling lässt sich für die noch frischen Tage diese wärmende Suppe kochen. Aus den Blättern machen wir einen leckeren Salat mit Joghurtsauce (siehe Seite 39).

ZUBEREITUNG:

- Die Kohlrabis schälen und in kleine Stücke schneiden. Die Zwiebeln schälen, würfeln und in einem Topf mit etwas Öl anbraten. Die Kohlrabistücke dazugeben und kurz mitschwitzen. Die Gemüsebrühe angießen, alles aufkochen und bei niedriger Hitze etwa 30 Minuten köcheln lassen, bis der Kohlrabi fast zerfällt.

- Die Sahne dazugeben und die Suppe glatt pürieren. Die Kohlrabisuppe abschließend mit Zitronensaft, Salz und Pfeffer abschmecken.

Unser TIPP

½ Bund Petersilie oder Kerbel fein hacken, mit einem neutralen Öl glatt pürieren und beim Anrichten mit einem Löffel Schmand auf die Suppe geben.

SAHNEDRESSING

... MIT SCHNITTLAUCH ...

ZUTATEN:

- ½ Bund Schnittlauch
- 150 g Sahne
- 4 EL Weißweinessig
- ½ TL mittelscharfer Senf
- ½ TL Zucker
- Salz und Pfeffer

Zubereitungszeit: 10 Minuten

Schnittlauch ist zusammen mit Petersilie wohl das beliebteste Küchenkraut. Er lässt sich im Garten, im Topf auf dem Balkon oder der Fensterbank ganz unkompliziert kultivieren. Der Schnittlauch ist winterhart und bildet Horste, über die man ihn leicht vermehren kann. Dafür gräbt man den Schnittlauch im Frühjahr oder Herbst aus und teilt die Staude vorsichtig in mehrere Teile.

Mit seinen lilafarbenen Blüten ist das Lauchgewächs auch eine schöne Zierpflanze und Nahrungsquelle für Insekten. Die Blüten erscheinen ab Mai bis in den Hochsommer hinein und sind essbar. Wir setzen jedes Jahr eine Flasche Schnittlauchblütenessig an. Dafür gießt man hellen Essig in eine Flasche, gibt Schnittlauchblüten dazu und lässt das Ganze durchziehen. Man sollte die Flasche täglich einmal schütteln, damit die Blüten richtig vom Essig umschlossen werden. Nach einer Woche ist der Essig aromatisiert und hat eine wunderschöne pinke Farbe angenommen. Man seiht den Essig ab, entfernt die Blüten und gießt den fertigen Essig in eine saubere Flasche.

ZUBEREITUNG:

- Den Schnittlauch waschen, trocken schütteln und in Röllchen schneiden.

- Alle Zutaten in ein Schraubglas geben und kräftig durchschütteln, bis sich alles zu einem homogenen Dressing verbunden hat.

Unser TIPP

Das Dressing passt hervorragend zu einem Salat aus den ersten frischen Radieschen und einem buttrigen Kopfsalat.

PESTO

MIT LIEBSTÖCKEL

ZUTATEN:

- 50 g Liebstöckel
- 2 EL Sonnenblumenkerne
- 8 EL Rapsöl
- Salz

Zubereitungszeit:
10 Minuten

Liebstöckel ist eine Würzpflanze, die in keinem Kräutergarten fehlen sollte. Steht das Liebstöckel an einem sonnigen, nicht zu feuchten Platz, kann es bis zu zwei Meter hoch werden. Beim Anbau im Topf sollte Staunässe unbedingt vermieden werden und von vornherein ein größeres Gefäß ausgewählt werden, damit sich die Pflanze optimal ausbreiten kann. Sie entwickelt sich auch in halbschattigen Lagen gut.

Liebstöckel ist eine winterharte Pflanze. Die ersten zarten Triebe kann man je nach Witterung ab Anfang April ernten. Aber nicht nur die Blätter und saftigen Stängel werden verwendet, auch die Blüten, Samen und Wurzeln lassen sich zum Würzen oder als Tee nutzen. Liebstöckel lässt sich durch Trocknen, Einfrieren und Aromatisieren von Essig oder Öl wunderbar haltbar machen.

Klassisch nutzt man Liebstöckel zum Würzen von Suppen, Fisch oder deftigen Fleischgerichten. Das Liebstöckelpesto essen wir am liebsten ganz schlicht zu Pellkartoffeln.

ZUBEREITUNG:

- Das Liebstöckel waschen, trocknen und grob hacken. Mit den Sonnenblumenkernen, dem Rapsöl und ½ Teelöffel Salz in einem Mixer fein pürieren.

RADIESCHENGRÜN-
GREMOLATA

ZUTATEN:

- 1 Knoblauchzehe
- Blattgrün von 2 Bund Radieschen
- 80 ml kalt gepresstes Rapsöl
- 1 EL Biozitronenzesten
- Salz

Zubereitungszeit:
10 Minuten +
30 Minuten
Durchziehen

Das Radieschen ist Dauergast in unseren Beeten – vom Frühjahr bis in den Spätherbst hinein säen und ernten wir verschiedene Sorten. Leider landet das Radieschengrün bei den meisten Menschen immer wieder im Biomüll. Dabei lässt sich aus den Blättern so einiges zaubern. Man kann sie einfach unter einen Salat mischen oder aus ihnen ganz fix eine Gremolata herstellen. Sie passt hervorragend zu Gegrilltem oder zu Ofengemüse.

ZUBEREITUNG:

- Den Knoblauch schälen. Das Radieschengrün waschen und trocknen. Beides sehr fein hacken und mit Öl und Zitronenzesten mischen. Mit Salz abschmecken und 30 Minuten durchziehen lassen.

Unser TIPP

1 Handvoll Rucola untergemischt bringt etwas Schärfe in die Gremolata.

SALAT
VON WILDKRÄUTERN

ZUTATEN:

Für den Salat:
- 8 Handvoll Wildkräuterblätter
- 4 Handvoll essbare Blüten

Für das Dressing:
- 80 ml Weißweinessig
- 150 ml Rapsöl
- 1 TL mittelscharfer Senf
- Salz und Pfeffer

Zubereitungszeit:
15 Minuten

Wildkräuter werden von vielen Menschen als Unkraut wahrgenommen, dabei können sie unseren Speiseplan unglaublich bereichern. Gerade im Frühjahr findet man auf Streuobstwiesen und in unberührten Gartenecken jede Menge essbarer Pflanzen. Beim Wildkräutersammeln sollte man auf folgende Punkte achten: Man nimmt nur Pflanzen mit, die man sicher erkennt. Außerdem sollte man nicht direkt an befahrenen Straßen Kräuter pflücken.

Für unseren Salat haben wir Blätter und Blüten von Löwenzahn, Günsel, Gänseblümchen, Knoblauchrauke, Wiesenschaumkraut und die Blätter von Spitzwegerich, Sauerampfer und Brennnesseln gesammelt. Die meisten Wildkräuter finden wir bei uns im Garten in der Wiese. Wir verzichten auf den gepflegten englischen Rasen, unsere Wiese ist bunt und essbar. Das gefällt auch den Insekten.

ZUBEREITUNG:

- Die Wildkräuter verlesen, kurz unter fließendem kaltem Wasser abspülen, abschütteln und auf einem sauberen Küchentuch trocknen.

- Die Zutaten für das Dressing in ein Schraubglas geben und kräftig durchschütteln. Die Kräuter und das Dressing in einer Schüssel gut miteinander vermischen. Den Salat auf Tellern anrichten und mit den Blüten bestreuen.

KOHLRABI-
BLÄTTERSALAT

ZUTATEN:

Für den Salat:
- Blätter von 4–5 Kohlrabi
- Salz

Für das Dressing:
- 5 EL Naturjoghurt
- 1 EL kaltgepresstes Rapsöl
- 2 EL Apfelessig
- 2 TL scharfer Senf
- Pfeffer

Zubereitungszeit:
10 Minuten + 1 Stunde Durchziehen

Von der Wurzel bis zur Blüte – nachhaltig Kochen bedeutet für uns so wenig wie möglich zu verschwenden. Aus Gemüseblättern lassen sich köstliche Gerichte zubereiten. Für unseren Kohlrabiblattsalat bedienen wir uns aus dem Garten. Mit der Kohlrabianzucht beginnen wir im Februar zu Hause und setzen ihn ab März ins Freiland. Am liebsten sind uns die lila Sorten. Sie bringen Farbe ins Frühlingsbeet. Zieht man alle zwei bis drei Wochen neue Kohlrabis vor, kann man die ganze Saison über ernten.

Als Hingucker im Salat streuen wir noch ein paar Kohlblüten darüber. Im Frühling sind die Kohlblüten eine willkommene Bienenweide. Dafür schneiden wir im Herbst und Winter die Kohlköpfe ab und lassen den Strunk stehen. Daran bilden sich weitere kleinere Köpfe, die im nächsten Jahr in die Blüte gehen.

ZUBEREITUNG:

- Die Kohlrabiblätter waschen, trocknen und in Streifen schneiden. Die Streifen in einer Schüssel mit 1 Teelöffel Salz gut verkneten. 1 Stunde ziehen lassen.

- Alle Zutaten für das Dressing in ein Schraubglas geben und gut durchschütteln. Das Dressing zu den Kohlrabistreifen geben und gut durchmischen.

Unser TIPP

Der Salat lässt sich natürlich auch mit jeder anderen Art Kohlblätter zubereiten. Ideal dafür sind zum Beispiel auch die Blätter der Rosenkohlstauden.

SPINAT

IN DREIERLEI VARIANTEN

In unserem Garten wächst Spinat fast wie Unkraut. Wir säen jedes Jahr verschiedene Sorten aus – sie wachsen und gedeihen wunderbar. Deshalb haben wir im Frühling relativ viel Spinat, der natürlich verarbeitet werden muss. Da gibt es ein paar klassische Spinatgerichte, zum Beispiel Rahmspinat mit Kartoffeln und Spiegelei. Das ist zwar nicht schlecht, aber ein bisschen Abwechslung schadet nie. Die drei hier aufgeführten Varianten kann man sehr gut als Beilage reichen oder auch einfach als Hauptmahlzeit mit Fladenbrot essen.

ZUTATEN:

Variante 1 mit Knoblauch:
- 800 g Spinat
- 3–4 Knoblauchzehen
- Öl zum Braten
- Salz und Pfeffer

Variante 2 mit Joghurt:
- 800 g Spinat
- 5–6 EL Joghurt
- 3–4 Knoblauchzehen
- Öl zum Braten
- Salz und Pfeffer

Variante 3 mit Sesam:
- 800 g Spinat
- 2 EL Sesamsamen
- 1 rote Zwiebel
- 1 Knoblauchzehe
- 3 EL Sojasauce

Zubereitungszeit:
20–30 Minuten

ZUBEREITUNG:

- Den Spinat waschen und eine Weile abtropfen lassen oder mit der Salatschleuder trocken schleudern.

- **Für Variante 1** die Knoblauchzehen samt Schale mit einem großen Küchenmesser kurz kräftig andrücken, bis sie aufplatzen. Das Öl in einer Pfanne erhitzen und den Knoblauch darin kurz anbraten. Nach und nach den Spinat dazugeben, bis er komplett zusammengefallen ist. Die Knoblauchzehen wieder entfernen, den Spinat mit Salz und Pfeffer würzen und in einer Schale servieren.

- **Für Variante 2** den Spinat zubereiten wie in Variante 1. Zum Schluss den Joghurt untermischen, mit Salz und Pfeffer würzen. In einer Schale servieren.

- **Für Variante 3** den Spinat zubereiten wie in Variante 1. Den Sesam in einer unbeschichteten Pfanne ohne Fett leicht anrösten, in eine Schüssel umfüllen und zum Abkühlen beiseitestellen.

- Die Zwiebel und den Knoblauch schälen, fein hacken und in einer Pfanne mit Olivenöl bei mittlerer Hitze anschwitzen. Den Spinat hinzugeben, mit ein paar Spritzern Sojasauce ablöschen und zusammenfallen lassen. Den Spinat auf Teller oder in einer Schale anrichten und mit dem Sesam bestreuen.

OLIVENTAPENADE MIT GEBACKENEM
BLUMENKOHL

ZUTATEN:

Für den Blumenkohl:
- 1 Blumenkohl
- Salz
- Olivenöl extra vergine

Für die Tapenade:
- 1 Handvoll Petersilienblätter
- 50 g grüne Oliven (entsteint)
- 1 EL Zitronenzesten
- 70 ml Olivenöl extra vergine
- Pfeffer

Zubereitungszeit:
15 Minuten +
40 Minuten Backzeit

Dieses Rezept für den Blumenkohl kommt aus der israelischen Küche, zusätzlich zum Kochen im Wasser wird er im Ofen gegart. Bisher kannten wir Blumenkohl nur als einfaches Beilagengemüse, oft werden dazu Sauce Hollandaise oder in Butter angeröstete Mandeln gereicht. Wenn er allerdings schön knusprig aus dem Ofen kommt, kann man ihn eigentlich schon pur essen, vielleicht mit etwas Olivenöl und Salz. Der Blumenkohl hat seinen Geschmack voll entfaltet und die Konsistenz ist gigantisch. Für dieses Rezept haben wir trotzdem eine frische Tapenade aus Oliven und Zitrone gemacht, mit der man die feinen Röschen beträufeln kann. Dazu schmeckt Baguette, nicht zuletzt um am Schluss die letzten Reste der Tapenade damit aufzusaugen.

ZUBEREITUNG:

- Den Backofen auf 200 °C Ober-/Unterhitze vorheizen.

- Den Blumenkohl samt Blättern in einem großen Topf etwa zu zwei Dritteln mit Wasser bedecken. Gut salzen. Das Wasser zum Kochen bringen und den Blumenkohl bei niedriger Hitze 7 Minuten garen.

- Den Blumenkohl aus dem Wasser heben, abtropfen und eventuell etwas auskühlen lassen. Den Kopf mit Olivenöl gut einreiben, auf ein Backblech setzen und im heißen Ofen auf mittlerer Schiene 40 Minuten backen. Er sollte außen goldbraun und innen schön weich sein.

- Inzwischen für die Tapenade die Petersilie waschen, trocknen und mit den Oliven fein hacken. Petersilie und Oliven mit den Zitronenzesten vermengen. Nach und nach das Olivenöl dazugeben. Die Tapenade abschließend mit Salz und Pfeffer abschmecken.

- Den Blumenkohl vorsichtig zu Röschen zerteilen und mit der Tapenade beträufeln.

FRÜHLINGSSALAT

·MIT MAULTASCHEN·

ZUTATEN:

Für den Salat:
- 10 Maultaschen (gegart)
- 2 EL Butter
- 2 Frühlingszwiebeln
- 6 Radieschen
- 1 Dose Mais (285 g Abtropfgewicht)

Für das Dressing:
- 8 EL Joghurt
- 2 TL mittelscharfer Senf
- 4 EL Weißweinessig
- Salz und Pfeffer

Zubereitungszeit:
20 Minuten

Bei uns im Schwabenland leben wir in einer Region, in der Maultaschen einen sehr hohen Stellenwert haben. Man bekommt sie inzwischen fast überall im Supermarkt. In wenigen Teilen Deutschlands erhält man sie beim Metzger oder macht sie am besten selbst, was allerdings eine relativ aufwendige Angelegenheit ist.

Die Zubereitungsarten sind sehr vielfältig, obwohl sie bei uns häufig einfach in der Brühe oder zum Kartoffelsalat (ohne Mayonnaise!) gegessen werden. Man kann sie aber auch zu einem Salat verarbeiten, der sich perfekt für jede Party oder als Beilage zum Grillen eignet.

ZUBEREITUNG:

- Die Maultaschen in Scheiben schneiden und in der Butter anbraten. Währenddessen Frühlingszwiebeln und Radieschen putzen, waschen und trocknen. Die Frühlingszwiebeln in feine Ringe schneiden, die Radieschen fein hobeln. Den Mais abtropfen lassen.

- Alle Zutaten für das Dressing in einem Schraubglas gut durchschütteln.

- Die Salatzutaten auf Tellern anrichten und mit dem Dressing beträufeln.

COUSCOUS

MIT ERBSEN UND GEBRATENEN RADIESCHEN

ZUTATEN:

- 2 Frühlingszwiebeln
- Öl zum Braten
- 300 g Couscous
- 500 g frische Erbsenschoten
- 2 Handvoll Spinat
- 1 Bund Radieschen
- Saft von ½ Zitrone
- Salz und Pfeffer

Zubereitungszeit:
30 Minuten

Erbsen essen wir am liebsten direkt roh aus dem Beet heraus. Oder aber wie in diesem Rezept kurz angebraten mit etwas Zitronensaft. Wer möchte, gibt noch 1 Löffel Joghurt darüber, am besten 1 Löffel vom Minzjoghurt auf Seite 73.

Erbsen lassen sich auf dem Balkon gut in Töpfen oder Kisten ziehen. Man muss ihnen lediglich eine Kletterhilfe zur Seite stellen. Im Garten säen wir ab Mitte Februar bis Ende Mai verschiedene Sorten aus und können so ab Ende Mai bis in den Juli hinein Erbsen ernten. Damit wir das ganze Jahr über Erbsen zur Hand haben, frieren wir mehrere Portionen geschälte Erbsen und Zuckerschoten ein.

ZUBEREITUNG:

- Die Frühlingszwiebeln putzen, waschen, trocknen, in Röllchen schneiden und mit etwas Öl in einer größeren Pfanne anschwitzen. Den Couscous dazugeben und 300 Milliliter Wasser angießen. Den Couscous einmal aufkochen, vom Herd ziehen und abgedeckt 10–15 Minuten quellen lassen.

- Währenddessen die Erbsen aus den Schoten palen und den Spinat waschen. Das Blattgrün der Radieschen abschneiden und für einen Salat oder eine Gremolata (siehe Seite 35) im Gemüsefach des Kühlschranks in einem feuchten Tuch aufbewahren. Die Radieschen putzen, waschen, halbieren und in einer Pfanne mit etwas Öl anbraten. Die Erbsen dazugeben und mitschwitzen. Den Spinat hinzufügen und mit dem Zitronensaft ablöschen.

- Den Couscous und das Gemüse mit Salz und Pfeffer würzen. Zum Anrichten den Couscous auf Teller geben und das Gemüse darüber verteilen.

POLENTAECKEN

MIT FRISCHEM BÄRLAUCH

In der Küche ist Bärlauch bei uns im Frühling nicht wegzudenken, um ihn aber das ganze Jahr über nutzen zu können, stellen wir unser eigenes Bärlauchöl her. Dazu gießen wir Olivenöl in ein Schraubglas oder in eine Flasche mit breiter Öffnung, geben gehackten Bärlauch dazu und mischen ihn unter, bis er komplett mit Öl bedeckt ist. Das Bärlauchöl darf an einem dunklen Ort zwei bis drei Wochen durchziehen. Man sollte es jeden Tag einmal leicht schwenken und darauf achten, dass der Bärlauch immer bedeckt ist. Anschließend wird der Bärlauch abgeseiht und das fertige Öl in eine saubere Flasche gefüllt.

ZUTATEN:

- 250 ml Milch
- 250 ml Gemüsebrühe
- 150 g Polentagrieß
- 1 Bund Bärlauch
- 50 g Butter
- 50 g geriebener Parmesan
- Salz und Pfeffer
- 50 g Weizenmehl
- 70 g Semmelbrösel
- 2 Eier
- Öl zum Frittieren

Außerdem:
- eckige Kuchen- oder Auflaufform

Zubereitungszeit:
40 Minuten + 1 Stunde Auskühlen

ZUBEREITUNG:

- Die Milch und die Gemüsebrühe in einem Topf zum Kochen bringen und die Polenta mit einem Schneebesen einrühren. Den Topf vom Herd ziehen und die Polenta abgedeckt etwa 20 Minuten quellen lassen.

- Währenddessen den Bärlauch waschen, trocken schütteln und grob hacken. Die Butter in Stückchen und den Parmesan unter die Polenta heben. Mit Salz und Pfeffer würzen. Die gehackten Bärlauchblätter untermischen und die Polenta in eine eckige Kuchen- oder Auflaufform geben. Die Oberfläche mit einer Konditorpalette oder einem Teigschaber glatt streichen und die Polenta auskühlen lassen.

- Für die Panierstraße Mehl und Semmelbrösel auf je einen Teller geben, die Eier in einem dritten, tiefen Teller verquirlen.

- Die Polenta mit einem scharfen Messer in Dreiecke schneiden. Die Polentaecken erst bemehlen, danach auf beiden Seiten durch das Ei ziehen und zum Schluss in den Semmelbröseln wälzen. Abschließend die Polentaecken nach und nach in Fett ausbacken.

RISOTTO

MIT DICKEN BOHNEN

ZUTATEN:

- 1,5 kg Dicke-Bohnen-Schoten
- Salz
- 1 Zwiebel
- 1 Knoblauchzehe
- 75 g Butter
- 3 EL Olivenöl zum Braten
- 500 g Risottoreis
- 100 ml Weißwein
- 1,5 l heiße Gemüsebrühe
- 140 g geriebener Parmesan
- Pfeffer
- 1 Spritzer Zitronensaft
- nach Wunsch essbare Blüten zum Dekorieren (z. B. Kohl-, Borretsch- oder Korianderblüten)

Zubereitungszeit:
45 Minuten

Dicke Bohnen, auch Ackerbohnen, Saubohnen oder Puffbohnen genannt, kann man schon im Februar im Freiland aussäen und man erntet bei guter Witterung schon Ende Mai. Die Kerne müssen aus den dicken, weichen Hülsen gepalt, in Salzwasser blanchiert und dann von der Schale befreit werden. Das ist etwas aufwendig, lohnt sich aber.

Dicke Bohnen mögen Säure und die Verbindung mit salzigem Käse. Ein Aufstrich aus Dicken Bohnen, Ziegenkäse oder Ricotta und etwas Zitronensaft und -zesten auf einem Stück Weißbrot – mehr braucht es eigentlich nicht.

ZUBEREITUNG:

- Die Dicken Bohnen aus den Schoten palen und in gesalzenem Wasser etwa 15 Minuten gar kochen.

- Inzwischen die Zwiebel und den Knoblauch schälen und in feine Würfel schneiden. Jeweils 1 Esslöffel Butter und Olivenöl in einem Topf erhitzen, Zwiebel- und Knoblauchwürfel darin anschwitzen. Den Reis dazugeben, gut durchrühren und mit dem Weißwein ablöschen. So viel Gemüsebrühe angießen, bis der Reis bedeckt ist, und das Risotto bei niedriger Hitze 30–35 Minuten köcheln lassen. Unbedingt immer wieder umrühren, damit nichts anbrennt, und nach und nach die Brühe angießen.

- Währenddessen die Bohnen abseihen und auskühlen lassen. Danach die Bohnenkerne aus den Hülsen drücken und beiseitestellen.

- Den Parmesan zusammen mit der übrigen Butter unter das fertige Risotto heben. Mit Salz und Pfeffer abschmecken. Die Dicken Bohnen in einer Pfanne im restlichen Olivenöl schwenken, mit Salz und Zitronensaft würzen.

- Das Risotto in eine große, flache Schüssel geben, die Bohnen darüber verteilen. Nach Wunsch mit Blüten dekorieren.

PASTA

MIT GRÜNEM SPARGEL

ZUTATEN:

- 500 g Linguine
- Salz
- 500 g grüner Spargel
- Olivenöl zum Braten
- 1 Handvoll gehackter Kerbel
- Pfeffer

Zubereitungszeit:
20 Minuten

Grünen Spargel und Wildspargel kann man ganz einfach selbst anbauen. Man benötigt nur einen sonnigen Standort und einen nährstoffreichen Boden, dann kann man ab dem zweiten und richtig ab dem dritten Standjahr mit der Spargelernte rechnen. Hat man nicht viel freie Fläche im Garten zur Verfügung, ist die eigene Spargelkultivierung nur eine Spielerei. Das gilt vor allem für den Bleichspargel, der in Wällen angebaut werden muss.

Die Spargelsaison ist relativ kurz. Je nach Witterung beginnt sie Mitte oder Ende April und endet traditionell am 24. Juni. Danach könnte man theoretisch zwar noch weiterhin Spargel stechen, das würde die Pflanzen allerdings schwächen und die Ernte im folgenden Jahr geringer ausfallen lassen.

ZUBEREITUNG:

- Die Pasta in reichlich Salzwasser nach Packungsanweisung al dente kochen. Währenddessen den Spargel von den holzigen Enden befreien, waschen, trocknen, in Scheiben schneiden und in Olivenöl anbraten. Etwas Nudelkochwasser dazugeben.

- Die Nudeln abgießen und mit dem gehackten Kerbel zum Spargel geben. Noch etwas Olivenöl angießen und mit Salz und Pfeffer abschmecken. Die Pasta auf Teller verteilen und genießen.

Unser TIPP

Wer möchte, gibt zum Schluss noch geriebenen Parmesan über die Pasta.

CREMIGE PASTA

MIT BROKKOLI UND ZUCKERSCHOTEN

ZUTATEN:

- 1 Brokkoli
- 200 g Zuckerschoten
- 2 Frühlingszwiebeln
- 500 g Pasta (z. B. Rigatoni)
- Salz
- Olivenöl zum Braten
- 200 ml Gemüsebrühe
- 250 g Mascarpone
- 1 Spritzer Zitronensaft
- Pfeffer

Zubereitungszeit:
30 Minuten

In diesem Rezept kann man vom Brokkoli so gut wie alles verwerten. Die Röschen werden kurz blanchiert, die Blätter und der geschälte Strunk werden scharf angebraten. Wer auch noch etwas aus den Schalen herausholen möchte, gibt sie in das Eisfach und verkocht sie mit anderen Schalen und Abschnitten zu einer Gemüsebrühe (siehe Seite 15).

ZUBEREITUNG:

- Den Brokkoli in Röschen teilen, den Strunk schälen und in feine Scheiben schneiden. Die Zuckerschoten und die Frühlingszwiebeln putzen, waschen und trocknen. Die Frühlingszwiebeln in Ringe schneiden.

- Die Pasta in reichlich Salzwasser nach Packungsanweisung al dente kochen. Die Brokkoliröschen in kochendem Wasser 5 Minuten blanchieren.

- Die Zuckerschoten, die Frühlingszwiebeln und die Scheiben vom Brokkolistrunk in einer Pfanne mit etwas Olivenöl scharf anbraten. Mit Gemüsebrühe ablöschen und bei niedriger Hitze etwa 10 Minuten köcheln lassen. Die Hälfte der Brokkoliröschen zum Gemüse geben und den Mascarpone unterrühren. Die Nudeln hinzufügen und das Ganze mit Zitronensaft, Salz und Pfeffer abschmecken.

- Die Pasta auf Teller verteilen und die restlichen Brokkoliröschen darübergeben.

MANGOLD-
GALETTE

Beim Mangold unterscheidet man in Schnitt- und Stielgemüse. Schnittmangold wird in Reihen gesät, früh geerntet und wie Spinat zubereitet. Die Blätter sind fester und er bildet keine fleischigen Stiele aus. Stielmangold dagegen bildet zartere, große Blätter an fleischigen Stielen aus.

Am liebsten säen wir eine Regenbogenmischung aus, daraus wächst Stielmangold mit dunkelroten, zart pinken, leuchtend orangefarbenen, gelben und weißen Stielen. Diese bunte Pracht macht sich hervorragend als Solitärpflanze in Beet und Balkonkasten.

ZUTATEN:

Für den Teig:
- 200 g Dinkelvollkornmehl
- 130 g kalte Butter (in kleinen Stücken)
- 100 g Schmand
- Salz

Für den Belag:
- 500 g Mangold
- 1 rote Zwiebel
- 1 EL Olivenöl extra vergine
- ⅛ Salzzitrone
- 1 Schuss Weißwein
- Pfeffer
- 100 g Schmand
- jeweils 1 TL mittelscharfer und süßer Senf
- 100 g Schafskäse

Zubereitungszeit:
40 Minuten +
35–40 Minuten Backzeit

ZUBEREITUNG:

- Die Zutaten für den Teig mit 1 Prise Salz in einer Schüssel zügig zu einem glatten Teig verarbeiten. Falls der Teig zu bröselig ist, 1 Schuss Wasser hinzugeben. Den Teig zu einer Kugel formen und in der Schüssel im Kühlschrank kalt stellen (bitte keine Frischhaltefolie benutzen).

- Während der Teig ruht, den Mangold putzen, waschen, trocknen und in mundgerechte Stücke schneiden. Die Zwiebel schälen und fein würfeln. Beides in einer Pfanne im Olivenöl anbraten. Die Salzzitrone klein schneiden und nach und nach dazugeben. Vorsicht: Das Gemüse nicht versalzen! Mit etwas Weißwein ablöschen. Die Temperatur reduzieren und 1 Schuss Wasser angießen. Das Mangoldgemüse köcheln, bis die dickeren Stielstücke gar sind. Mit Pfeffer würzen und den Schmand unterrühren.

- Den Backofen auf 200 °C Ober-/Unterhitze vorheizen. Den Teig auf einer bemehlten Fläche kreisrund ausrollen, auf ein mit Backpapier ausgelegtes Blech legen, mit dem Senf bestreichen. Das Gemüse auf dem Teig verteilen, dabei außen einen Rand von 3–5 Zentimetern frei lassen. Den Rand umklappen, die Galette mit Schafskäse bestreuen. Die Galette im heißen Ofen auf mittlerer Schiene 35–40 Minuten backen.

SCHNELL EINGELEGTE
MAIRÜBCHEN

ZUTATEN:

Für 4 Gläser à 250 ml:
- 1 kg Mairübchen (2 Bund)
- 300 ml Weißweinessig
- 100 g Zucker
- 3 TL Senfsamen
- Salz

Außerdem
- 4 Einmachgläser à 250 ml

Zubereitungszeit:
15 Minuten + 3 Stunden Durchziehen

Mairübchen sehen aus wie überdimensionierte, weiße Radieschen. Sie haben eine zarte Haut und schmecken wunderbar süß. Angebaut wird die Speiserübe entweder im Frühjahr oder im Herbst. Man sät direkt in Reihen und dünnt ähnlich wie bei Karotten oder Radieschen immer wieder aus. Die Herbstrüben sollten unbedingt vor dem ersten Frost aus der Erde geholt werden, denn Kälte vertragen sie nicht.

Dünn gehobelt bereichern die Rübchen jeden Salat. Schnell eingelegt passen sie hervorragend auf den Brotzeittisch oder auf ein Sandwich.

ZUBEREITUNG:

- Das Grün der Mairübchen abschneiden, die Rübchen putzen und waschen. Die Mairübchen in die gewünschte Form schneiden. Wir achteln sie gern oder hobeln sie ganz dünn. Dann werden die Mairübchen in sterilisierte Einmachgläser geschichtet.

- Für den Sud Weißweinessig, Zucker, Senfsamen, 2 Teelöffel Salz und 300 Milliliter Wasser in einem Topf kurz aufkochen, bis der Zucker aufgelöst ist. Den Sud heiß bis zum Rand in die Gläser füllen und die Gläser sofort verschließen.

- Nun sollten die Rübchen mindestens 3 Stunden durchziehen. Je länger man sie durchziehen lässt, desto würziger werden sie.

Unser TIPP

Statt der Mairübchen kann man auch sehr gut Radieschen, Rettiche oder Herbstrüben verwenden.

Rhabarber

KOMPOTT

ZUTATEN:

- 800 g Rhabarber
- 300 g Erdbeeren
- 180 g Zucker
- Saft von ½ Zitrone
- 2 TL Vanillezucker

Zubereitungszeit:
20 Minuten +
10 Minuten Kochzeit

Rhabarber benötigt einen sonnigen und möglichst windgeschützten Standort mit reichhaltigem Boden. Vor der Pflanzung sollte die Erde mit Kompost angereichert werden. Der Rhabarber mag es weder zu trocken noch zu feucht. Nach drei bis fünf Jahren sollte das Wurzelrhizom geteilt werden, damit die Pflanze nicht ermüdet. Um die Ernte vorzuziehen und das Wachstum zu beschleunigen, kann man im Januar und Februar einen Tontopf über die Pflanze stellen. Bei der Ernte werden die einzelnen Stangen abgedreht. Man sollte nicht die komplette Pflanze abernten, damit sie genug Kraft für die Überwinterung behält. Kräftige und geschmacklich sehr gute Sorten sind beispielsweise Holsteiner Blut und Frambozen Rood.

In der Küche wird Rhabarber hauptsächlich in Süßspeisen verwendet. Die fruchtige Säure passt aber auch gut zu fettigen Gerichten oder Salaten. Klassisch kommt der Rhabarber meistens in den Kuchen. Für eine frühlingshafte Crumble-Variante könnte man beispielsweise die Äpfel auf Seite 143 durch Rhabarber ersetzen und ihn mit 50 Gramm Zucker vermischen.

ZUBEREITUNG:

- Den Rhabarber schälen und in mundgerechte Stücke schneiden. Die Erdbeeren waschen und vom Stielansatz befreien. Das Obst mit Zucker, Vanillezucker und Zitronensaft in einem Topf aufkochen und köcheln lassen, bis der Rhabarber die gewünschte Konsistenz hat.

Unser TIPP

Wer das Kompott nicht gleich verzehren möchte, kann es durch Einkochen (siehe Seite 16) haltbar machen. Das Kompott passt sehr gut zu Milchreis oder Grießbrei. Man kann es auch als Schichtdessert mit Joghurt auftischen.

ERDBEER-

MARMELADE MIT HOLUNDERBLÜTEN

ZUTATEN:

Für 10 Gläser à 200 ml:
- 2 kg Erdbeeren
- 750 g Zucker
- 250 ml Holunderblütensirup
- Saft von 2 Zitronen
- 8 große Holunderblütendolden

Außerdem:
- 10 Einmachgläser à 200 ml

Zubereitungszeit:
20 Minuten +
15–20 Minuten Kochzeit

Diese Marmelade kochen wir jedes Jahr. In manchen Jahren kann es vorkommen, dass die Holunderblüte so weit vor der Erdbeerreife liegt, dass wir keine Blüten in die Marmelade geben können. Am Geschmack ändert sich deshalb wenig, aber mit den weißen Blüten sieht sie einfach schöner aus.

ZUBEREITUNG:

- Die Erdbeeren putzen, waschen, halbieren und mit Zucker, Holunderblütensirup und Zitronensaft in einem Topf aufkochen und bei niedriger Hitze etwa 15–20 Minuten köcheln. Währenddessen die Holunderblütendolden vorsichtig ausschütteln, die einzelnen Blüten von den Dolden abstreifen und in einer kleinen Schüssel sammeln.

- Die Marmelade ist fertig, wenn die Gelierprobe erfolgreich war. Will heißen, man gibt 1 Teelöffel voll Marmelade auf einen kleinen Teller und wenn die Marmelade schnell andickt, ist die richtige Konsistenz erreicht.

- Die Holunderblüten nun entweder in vorbereitete, sterilisierte Gläser geben oder in die Marmelade einrühren. Die heiße Marmelade in die Gläser füllen, fest verschließen und die Gläser 5 Minuten auf den Kopf stellen.

- Fest verschlossen, kühl und dunkel gelagert ist die Marmelade mindestens 6 Monate haltbar.

SOMMER

- LEICHT UND AROMATISCH -

Jetzt verbringen wir die meiste Zeit draußen im Garten. Die Pflanzen freuen sich über eine extra Wassergabe und danken es mit reifen Früchten. Der Erntekorb ist ein bunter Mix aus Gemüse, Obst, Blumen und Kräutern und an manchen Tagen kommt man mit dem Ernten nicht hinterher.

good FOOD good MOOD

GURKEN

•KALTSCHALE•

An heißen Sommertagen hält sich die Lust auf eine warme, herzhafte Mahlzeit meist in Grenzen. Da kann eine kalte Gemüsesuppe sehr gut Abhilfe schaffen. Wir haben uns für eine reine Gurkenvariante entschieden, aber man könnte zusätzlich auch Tomaten oder Paprika verwenden. Als verfeinerndes Topping würde sich hier zum Beispiel Knoblauch- oder Chiliöl anbieten.

ZUTATEN:

Für das Topping:
- 1 EL Senfsamen
- 4 EL Apfelessig
- 1 EL Zucker

Für die Gurkensuppe:
- 4 Biosalatgurken
- ½ Bund Dill
- 1 Knoblauchzehe
- 250 ml Buttermilch
- Salz und Pfeffer

Zubereitungszeit:
20 Minuten +
15 Stunden Kühlen

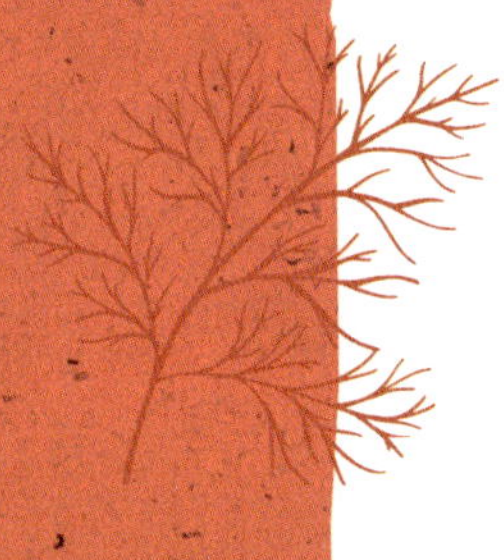

ZUBEREITUNG:

- Das Topping am besten schon am Tag vor der Suppe zubereiten. Dazu die Zutaten in einem kleinen Topf kurz zusammen aufkochen. Nach dem Abkühlen über Nacht im Kühlschrank aufbewahren.

- Die Gurken gründlich waschen und in grobe Würfel schneiden. Den Dill waschen, trocken schütteln und grob hacken. Den Knoblauch schälen und in feine Würfel schneiden.

- Die vorbereiteten Zutaten im Standmixer oder in der Küchenmaschine zerkleinern, bis die Gurken wirklich fein sind. Die Buttermilch dazugeben und nochmals gut durchmixen. Je nach Größe des Mixers müssen die Zutaten in mehreren Läufen bearbeitet werden. Mit Salz und Pfeffer abschmecken.

- Am besten schmeckt die Suppe gut gekühlt, deshalb empfiehlt es sich, sie vor dem Servieren zuerst ein paar Stunden im Kühlschrank aufzubewahren.

ZUTATEN:

Estragon-Honig-Dressing
- 1 Handvoll gehackte Estragonblätter
- 100 ml kalt gepresstes Rapsöl
- 50 ml Balsamicoessig
- 2 EL flüssiger Honig
- 1 TL scharfer Senf
- Salz

Minzjoghurt:
- 1 Bund Minze
- 1 Knoblauchzehe gehackt
- 200 g Joghurt
- 1 EL flüssiger Honig
- Saft von ½ Zitrone
- Salz und Pfeffer

Zubereitungszeit:
je 10 Minuten

ESTRAGON-HONIG-DRESSING UND MINZJOGHURT

Estragon und Minze sind Kräuter, die man nie wieder aus dem Garten bekommt. Sie wuchern endlos, wenn man ihnen keinen Einhalt gebietet. Beide sind fester Bestandteil der Kräuterküche und gerade im Sommer bieten sich viele Verarbeitungsmöglichkeiten an. Es lohnt sich immer, einen Vorrat an Minzeblättern und Estragonstängeln zu trocknen, um im Winter Pfefferminztee zu trinken und mit Estragon gewürzte Schmorgerichte zu servieren.

Estragon ist sehr dominant. Man sollte bei der Dosierung sparsam beginnen, wenn man ein nicht zu kräftiges Dressing möchte.

Der Minzjoghurt ist erfrischend und kühlend. Er passt zu gegrilltem Fleisch oder Gemüse und kann als Salatdressing verwendet werden. Auf einer Tafel mit Antipasti und Fladenbrot macht er sich genauso gut wie in einem Salat aus Honigmelone und Gurke an heißen Tagen.

ZUBEREITUNG:

- Für das Estragon-Honig-Dressing die gewaschenen und getrockneten Estragonblätter mit den übrigen Zutaten sowie 1 Prise Salz in einem Schraubglas kräftig durchschütteln, bis ein homogenes Dressing entstanden ist.

- Für den Minzjoghurt die Minze waschen, trocken schütteln, die Blätter abzupfen und fein schneiden. Den Knoblauch schälen und in feinste Würfel schneiden. Beides mit Joghurt, Honig und Zitronensaft in einer Schüssel verrühren. Mit Salz und Pfeffer abschmecken.

PETERSILIEN-PESTO

ZUTATEN:

- 200 g Cashewkerne (nach Wunsch angeröstet)
- 1 Bund glatte Petersilie
- Abrieb von 1 Biozitrone
- Saft von ½ Zitrone
- 120 ml Rapsöl
- 2 EL Hefeflocken
- Salz und Pfeffer

Zubereitungszeit: 10 Minuten

Petersilie ist bei uns immer zur Hand: vom Frühjahr bis in den Spätherbst im Garten oder auf dem Balkon und im Winter entweder am Küchenfenster oder gehackt im Gefrierschrank. Im Sommer nehmen wir das Pesto gern zum Grillen mit, denn es passt hervorragend zu Kartoffeln, auf Baguette oder zum Grillgemüse. Selbstredend passt das Pesto auch ganz klassisch zu Nudeln.

Im Garten ist die Petersilie relativ unkompliziert. Sie ist zweijährig, das bedeutet, im ersten Jahr wächst das Grün und im zweiten Jahr geht sie in die Blüte. Danach sollte die Petersilie nicht mehr beerntet werden. Man sät sie also jedes Jahr neu aus, dabei sind ein bis zwei Reihen völlig ausreichend. Am liebsten steht die Petersilie bei Tomaten, Gurken und Radieschen.

ZUBEREITUNG:

- Die Cashewkerne grob hacken. Die Petersilie waschen, trocken schütteln und grob schneiden, dann beides mit den restlichen Zutaten in einem Mixer zu einer homogenen Masse verarbeiten. Falls nötig, noch etwas mehr Öl dazugeben und mit Salz und Pfeffer abschmecken.

LINSENAUFSTRICH

MIT TOMATEN

ZUTATEN FÜR EINE SCHALE (CA. 250 G):

- 150 g rote Linsen
- 10 Cocktailtomaten
- 10 Basilikumblätter
- 2 EL Apfelessig
- Salz
- 1–2 Scheiben Weißbrot (nach Bedarf)

Zubereitungszeit:
20 Minuten +
30 Minuten Abkühlen

Da wir schon seit einiger Zeit weitestgehend auf Wurst verzichten und auch sehr wenig verarbeitete Lebensmittel kaufen, haben wir angefangen, Brotaufstriche und Dips selbst zu machen. Das ist in den meisten Fällen kein großer Aufwand und man kann sie ein paar Tage lang verwenden.

In unserer Gegend sind Linsen traditionellerweise ein Grundnahrungsmittel, auch wenn man heute nicht mehr so viel davon merkt. Aber man kann sie nicht nur in warmen Gerichten („Linsen mit Spätzle“) verwenden, sondern auch kalt als Salat oder eben zu Aufstrichen verarbeiten.

ZUBEREITUNG:

- Die Linsen unter fließendem kaltem Wasser abspülen, in einem Topf mit reichlich Wasser aufkochen und nach Packungsanweisung weich garen. Die Linsen in ein Sieb abgießen, gut abtropfen und etwas abkühlen lassen.

- Die Tomaten halbieren. Die Basilikumblätter waschen und trocknen. Beides mit den Linsen im Standmixer oder in der Küchenmaschine zu einer glatten Paste mixen. Mit etwas Apfelessig und Salz abschmecken.

Unser TIPP

Falls der Aufstrich zu flüssig ist, am besten noch ein bisschen Weißbrot ohne Rinde mitmixen.

FENCHELSALAT

MEDITERRAN

ZUTATEN:

- 2 Fenchelknollen mit Grün
- Saft von 1 Zitrone
- Salz und Pfeffer
- 100 g Rucola
- 200 g getrocknete Tomaten (in Öl)
- 150 g schwarze Oliven (ohne Stein)
- 4 EL Olivenöl extra vergine
- 50 g gehobelter Parmesan

Zubereitungszeit:
20 Minuten

Beim Fenchel unterscheiden wir den Knollenfenchel und den Gewürzfenchel. Beim Knollenfenchel bildet sich, wie der Name schon sagt, eine dicke, weiße Knolle. Der Gewürzfenchel bildet nur das Fenchelgrün aus.

Der Gewürzfenchel steht bei uns schon im dritten Jahr im Garten, er kann bis zu zwei Meter hoch werden und bringt unermüdlich neue Blätter hervor. Wir schneiden uns die fedrigen Blätter gern in eine Gemüsepfanne, in den Salat oder füllen damit Fisch. Im Herbst kann man die getrockneten Blütendolden abschneiden und die Samen für Tees und Eintöpfe aufbewahren.

In der Küche scheiden sich beim Fenchel die Geister. Entweder man liebt ihn oder nicht. Der intensive Anisgeschmack kann schnell zu dominant werden. Um das Aroma etwas abzumildern, braten wir Fenchelscheiben scharf in viel Butter an und lassen sie dann langsam garen. In unserem Salat darf der Fenchel sein volles Aroma einbringen. Wir stellen ihm ein bisschen Schärfe vom Rucola und viel Umami von Tomaten und Parmesan entgegen. Ein perfekter Begleiter zum Grillen.

ZUBEREITUNG:

- Den Fenchel waschen, trocknen und das Grün abzupfen. Die Knollen halbieren und fein hobeln. Das Fenchelgrün fein schneiden und alles in einer Schüssel mit dem Zitronensaft sowie je 1 Prise Salz und Pfeffer vermengen. Durchziehen lassen.

- Inzwischen den Rucola verlesen, waschen, trocken schleudern und zum Fenchel geben. Die getrockneten Tomaten in Streifen schneiden und mit den Oliven unter den Salat heben. Den Salat mit Olivenöl beträufeln und mit Parmesanspänen bestreuen.

ZUTATEN:

- 1 Staudensellerie
- 100 ml Weißweinessig
- 50 g Zucker
- 5 frische Aprikosen
- 200 g Blauschimmelkäse
- 1 Stängel Gewürzfenchel oder Grün von 1 Fenchelknolle
- 2 EL kalt gepresstes Sonnenblumenöl
- Salz und Pfeffer

Zubereitungszeit:
30 Minuten +
30 Minuten Abkühlen

STAUDENSELLERIE-
SALAT

MIT APRIKOSEN & BLAUSCHIMMELKÄSE

Staudensellerie ist ein wunderbares Rohkostgemüse. Baut man ihn selbst an, kann man das Aroma gut steuern. Lässt man den Sellerie ohne Schutz wachsen, entwickelt er eine satt dunkelgrüne Farbe und ein herb-würziges Aroma. Mag man eher einen zarteren Selleriegeschmack, so muss man die Stangen bleichen. Das funktioniert am besten, wenn man sie ein paar Tage vor der Ernte mit Pappe umwickelt.

ZUBEREITUNG:

- Den Staudensellerie waschen, trocknen und die Blätter abzupfen. Die Staude längs halbieren, den inneren Strunk entfernen und die Stangen in mundgerechte Stücke schneiden. Die Sellerieblätter grob schneiden und beiseitestellen.

- Den Essig mit dem Zucker in einem Topf aufkochen, den Sellerie dazugeben und 2 Minuten köcheln lassen. Danach den Sellerie mitsamt dem Sud in eine Schüssel geben und etwa 30 Minuten abkühlen lassen. Inzwischen die Aprikosen halbieren, entsteinen und in Scheiben schneiden. Den Käse in Stücke schneiden und das gewaschene und getrocknete Fenchelgrün grob hacken.

- Die Aprikosen, die gehackten Sellerieblätter und den Käse unter den Sellerie mischen und mit Öl, Salz und Pfeffer abschmecken. Den Salat auf Tellern anrichten und mit dem Fenchelgrün bestreuen.

Unser TIPP

Wir lieben die Kombination aus Frucht und Gemüse, süß und herzhaft. Vor allem im Sommer, wenn man im Garten aus dem Vollen schöpfen kann. Nektarinen würden sich in diesem Salat auch sehr gut machen. Frühe Mirabellen oder Renekloden bringen ebenfalls die ideale Balance aus Süße und Säure mit. Zu Pfirsichen kombinieren wir lieber einen würzigen Bergkäse oder Parmesan, etwas Minze und Tomaten.

BOHNENGEMÜSE

MIT TOMATEN

ZUTATEN:

- 500 g Stangen- oder Buschbohnen nach Wahl
- 500 g Cocktailtomaten
- 1 Schalotte
- 3 EL Olivenöl extra vergine
- 4 Stängel Bohnenkraut
- Salz und Pfeffer

Zubereitungszeit:
30 Minuten

Bohnen dürfen bei uns im Garten nicht fehlen. Für die Stangenbohnen bauen wir ein Tipi aus Bambusstangen, die Buschbohnen säen wir in Reihen abwechselnd mit Bohnenkraut. Bohnenkraut soll Läuse fernhalten, die Blüten ziehen Insekten magisch an und im Bohnengemüse ist es ein absolutes Muss.

Das Schöne an eigenen Bohnen ist die Vielfalt, die man anbauen kann. Wir mischen gern ganz unterschiedliche Sorten. Vor allem bei den Stangenbohnen gibt es eine riesige Auswahl verschiedener Farben und Formen. Empfehlen können wir Blauhilde mit lilafarbenen Hülsen, Neckargold oder Golden Gate, gelbhülsige Sorten, und schon allein wegen der leuchtend roten Blüten sollte man auch ein paar Feuerbohnen anbauen.

Bohnen und Tomaten sind für uns das Sommergemüse schlechthin. Zusammen angedünstet und mit Weißbrot serviert, ist das Gemüse ein Hochgenuss.

ZUBEREITUNG:

- Die Bohnen putzen, waschen, nach Bedarf entfädeln und in kochendem Wasser je nach Sorte etwa 5 Minuten bissfest blanchieren. Die Bohnen abgießen, sofort in Eiswasser abschrecken und abtropfen lassen.

- Die Tomaten waschen und trocknen. Die Schalotte schälen, fein würfeln und in einer Pfanne mit dem Olivenöl anbraten. Bohnen und Tomaten dazugeben und andünsten, bis die Tomaten weich sind und aufplatzen.

- Das Bohnenkraut waschen und trocken schütteln. Die Blätter von den Stängeln abzupfen und zum Gemüse geben. Mit Salz und Pfeffer abschmecken.

BUNTE SPIESSE
FÜR DEN GRILL

ZUTATEN:

Für das Gemüse:
- 2 Paprikaschoten
- 1 Nektarine
- 10 Radieschen
- 2 Frühlingszwiebeln
- 1 Zwiebel
- 200 g Räuchertofu
- 1 Maiskolben (gegart)

Für die Marinade:
- 1 Handvoll Rosmarin- und Thymianblätter
- 5 EL Olivenöl extra vergine
- 1 TL Salz
- ½ TL Cayennepfeffer

Außerdem:
- Grillspieße
- Grillpinsel

Zubereitungszeit:
30 Minuten + mindestens 2-3 Stunden Marinierzeit

ZUBEREITUNG:

- Die Paprikaschoten mit der Nektarine sowie den geputzten Radieschen und Frühlingszwiebeln waschen und trocknen. Die Zwiebel schälen. Das vorbereitete Obst und Gemüse mit dem Tofu und dem Mais in mundgerechte Stücke schneiden.

- Die Grillspieße mit verschiedenen Varianten bestücken. Wir stecken Radieschen und Frühlingszwiebeln im Wechsel auf die Spieße. Für die zweite Variante nehmen wir Paprika und Tofu und die dritte Variante besteht aus Mais, Zwiebeln und Nektarinen.

- Für die Marinade die gewaschenen und getrockneten Kräuter fein schneiden, dann mit dem Öl, 1 TL Salz sowie ½ TL Cayennepfeffer in einem Schraubglas kräftig durchschütteln.

- Die fertigen Spieße mit der Marinade rundum einpinseln und ein paar Stunden durchziehen lassen. Die Spieße auf dem Grill bei indirekter Hitze 15 Minuten garen. Wenn man sie auf dem Rost bei direkter Hitze grillt, reichen 5–8 Minuten.

Zu den Grillspießen passen die Radieschengrün-Gremolata (siehe Seite 35) oder der Minzjoghurt (siehe Seite 73) sehr gut.

Unser TIPP

GEFÜLLTE

CHAMPIGNONS

ZUTATEN:

- 4 Riesen-Champignons
- 2 EL Naturjoghurt
- ½ Biozitrone
- 100 g grüne Oliven (entsteint)
- 1 Handvoll Petersilienblätter
- 400 g Frischkäse
- Salz und Pfeffer

Zubereitungszeit:
15 Minuten +
5–10 Minuten Grillzeit

Da wir kaum Fleisch essen und im Garten trotzdem grillen wollen, sind wir immer auf der Suche nach vegetarischen Alternativen für den Grill. Pilze bieten sich als Fleischersatz sehr gut an, da sie beim Erhitzen einen intensiven Geschmack entfalten und eine schöne Konsistenz erhalten. Heutzutage werden überall schöne große Pilze angeboten, die man sehr gut auf den Grill legen kann.

Prinzipiell würde ein gegrillter Pilz mit etwas Salz und Pfeffer schon ausreichen, jedoch kann man das Geschmackserlebnis noch wesentlich steigern, indem man ihn füllt. Wie so oft gibt es auch hier unbegrenzte Möglichkeiten an Füllungen. Als Basis eignet sich eine Mischung aus Frischkäse und Joghurt sehr gut. Dann stehen alle Türen offen: Kräuter, Käse, Tomaten, Zucchini, Oliven, Knoblauch ...

ZUBEREITUNG:

- Die Champignons putzen. Die Stiele aus den Köpfen entfernen und fein würfeln. Die Zitrone heiß waschen, kräftig trocken reiben und die Schale zu Zesten abreiben. Den Saft auspressen und aufbewahren. Die Oliven grob hacken. Die Petersilie waschen, trocknen und ebenfalls grob schneiden.

- Den Frischkäse mit dem Joghurt und dem Zitronensaft zu einer glatten Masse verrühren. Alle weiteren Zutaten dazugeben und gleichmäßig vermengen.

- Die Pilzköpfe mit der Masse bis unter den Rand füllen und auf dem heißen Grill bei direkter Hitze so lange grillen, bis die Pilze gut durchgegart sind und die Füllung leicht geschmolzen ist. Das dauert je nach Hitze etwa 5–10 Minuten.

SCHAFSKÄSE

VOM GRILL

ZUTATEN FÜR 6 SCHÄLCHEN:

- Olivenöl zum Einpinseln und Beträufeln
- 300 g Schafskäse
- 2 Handvoll Kräuterblätter (z. B. Basilikum, Oregano, Thymian, Petersilie)
- 1 Biozitrone
- 2 Knoblauchzehen
- 1 Handvoll Walnusskerne
- 2 TL Honig

Außerdem:

- 6 feuerfeste Schälchen

Zubereitungszeit:
10 Minuten +
10–15 Minuten Grillzeit

In unserem Garten grillen wir gerne und häufig. Normalerweise gibt es bei uns dazu immer einen Schafskäse, der in verschiedenen Varianten auf den Grill kommt. Wir haben lange Zeit keinen Schafskäse vom Grill gegessen, da wir ihn nicht in der Alufolie zubereiten wollten. Irgendwann haben wir dann glücklicherweise feuerfeste Schalen entdeckt. Diese kann man problemlos auf den Grill stellen oder auch zuhause in den Ofen.

ZUBEREITUNG:

- Die feuerfesten Schälchen mit Olivenöl einpinseln. Den Schafskäse in gleich große Scheiben schneiden (wenn er groß genug ist) oder zerbröseln.

- **Für Variante 1** mit Kräutern: Diese waschen, trocken schütteln und grob schneiden. Den Käse und die Kräuter abwechselnd in 2 Schälchen schichten. Mit etwas Olivenöl beträufeln und evtl. etwas salzen.

- **Für Variante 2** mit Zitrone und Knoblauch: Die heiß gewaschene und kräftig trocken geriebene Zitrone in Scheiben schneiden und die Scheiben nochmals halbieren. Den Knoblauch schälen und mit dem Gemüsehobel ebenfalls in Scheiben schneiden. Den Käse abwechselnd mit Zitrone und Knoblauch in 2 Schälchen schichten. Mit etwas Olivenöl beträufeln.

- **Für Variante 3** mit Walnüssen und Honig: Die Walnusskerne grob hacken und mit dem Käse abwechselnd in die letzten beiden Schälchen schichten. Jeweils 1 Teelöffel Honig darüber verteilen.

- Die Schälchen auf dem heißen Grill stehen lassen, bis der Käse etwas schmilzt. Am besten klappt das in einem geschlossenen Kugelgrill.

SOMMERLICHER

BROTSALAT

ZUTATEN:

- 8 Tomaten
- 2 Biosalatgurken
- 1 rote Zwiebel
- 2 Handvoll Kräuterblätter (Basilikum, Petersilie, Schnittlauch, Oregano)
- 2 EL Weißweinessig
- 3 EL Olivenöl extra vergine + Olivenöl zum Braten
- Salz und Pfeffer
- 400 g Brot vom Vortag (z. B. Baguette, Ciabatta oder Brötchen)

Zubereitungszeit:
20 Minuten

Wir werfen praktisch keine Lebensmittel weg, alles wird irgendwie verwendet. Altes, steinhartes Brot verarbeiten wir meistens zu Semmelbröseln. Es gibt aber durchaus noch andere Möglichkeiten, altes Brot in fantastische Gerichte zu verwandeln. Wenn man es mit Olivenöl anbrät, werden knusprige Croûtons daraus, die man über den Salat geben kann. Oder man dreht den Spieß um und gibt den Salat zu den Croûtons wie bei diesem sommerlich-frischen Brotsalat. Im Prinzip basiert er auf einem griechischen Bauernsalat, bei dem man den Käse durch die angerösteten Brotreste ersetzt. Es eignet sich jede Art von Brot, zum Beispiel auch alte Laugenbrezeln oder Bauernbrot.

ZUBEREITUNG:

- Die Tomaten und die Gurke waschen und in mundgerechte Stücke schneiden. Die Zwiebel schälen und in feine Ringe schneiden. Die Kräuter waschen, trocknen und grob schneiden. Das Gemüse und die Kräuter in einer Schüssel mit Essig und Öl marinieren. Mit Salz und Pfeffer würzen.

- Das Brot in Stücke schneiden, in Olivenöl kurz anbraten, leicht salzen und zum Salat geben. Alles gut vermischen und gegebenenfalls noch einmal abschmecken.

LINSENSALAT

MIT AUBERGINEN UND PAPRIKA

ZUTATEN:

- 250 g Puy- oder Belugalinsen
- 1 Aubergine
- Salz
- 2 rote Paprikaschoten
- 1 grüne Paprikaschote
- 1 Zwiebel
- 2 Handvoll Petersilienblätter
- 6 EL Olivenöl extra vergine
- 6–8 EL Balsamicoessig
- 2 EL Sojasauce
- Pfeffer
- 150 g Fetakäse
- 1 EL Schwarzkümmelsamen

Zubereitungszeit:
40 Minuten + 12 Stunden Einweichen

Linsen sind perfekte kleine Eiweißbomben für jeden Salat und wir verwenden sie sehr gern. Dazu gibt es angebratene Paprika und Aubergine. Hier können wir nur immer wieder empfehlen, auf dem nächstgelegenen Markt vorbeizuschauen. Dort findet man verschiedene Sorten. Weiße, kleine Auberginen, lange, schmale Auberginen oder Paprikaschoten in allen möglichen Farbschattierungen.

ZUBEREITUNG:

- Die Linsen über Nacht in kaltem Wasser einweichen. Am nächsten Tag die Linsen in ein Sieb abgießen, gründlich abspülen, in frischem Wasser aufkochen und etwa 20 Minuten weich, aber noch leicht bissfest garen. Die Linsen abgießen und gut abtropfen lassen.

- Die Aubergine waschen, in Würfel schneiden und mit 1 TL Salz vermischt in einer Schüssel 15 Minuten ziehen lassen. Inzwischen die Paprikaschoten waschen, halbieren, von Stielansatz und Kernen befreien und in Würfel schneiden. Die Zwiebel schälen und fein würfeln. Die Petersilie waschen, trocknen und grob schneiden.

- Die Salzlake von den Auberginen abwaschen und die Würfel gut abtropfen lassen. Die Zwiebelwürfel in 2 EL heißem Olivenöl anbraten und die Linsen dazugeben. Mit Balsamicoessig und Sojasauce ablöschen, die Flüssigkeit kurz einkochen und die Linsen beiseitestellen.

- Das restliche Olivenöl erhitzen, Auberginen- und Paprikawürfel darin anbraten. Mit Salz und Pfeffer abschmecken.

- Zum Anrichten die Linsen auf eine große Platte geben und die Gemüsewürfel darüber verteilen. Den Fetakäse darüber bröseln und das Ganze mit gehackter Petersilie und Schwarzkümmelsamen bestreuen.

BULGUR MIT

ROSINEN & FRITTIERTEN ZUCCHINI

ZUTATEN:

- 350 g Bulgur
- Salz
- 1 Bund glatte Petersilie
- 1 Zwiebel
- Olivenöl zum Braten
- 100 g Rosinen
- 1 TL gemahlener Kreuzkümmel
- 1 TL gemahlener Koriander
- 1 TL Paprikapulver rosenscharf
- Pfeffer
- 3 Zucchini
- Mehl zum Wenden
- Olivenöl zum Ausbacken
- 50 g gehobelter Parmesan

Zubereitungszeit:
45 Minuten

Mit Zucchinipflanzen haben wir schon sehr gute und sehr ernüchternde Erfahrungen gemacht. Einmal konnten wir uns vor Früchten nicht retten, im nächsten Jahr starb eine Pflanze nach der anderen einfach ab. Im Jahr darauf entwickelten sich die Pflanzen prächtig, wurden dann aber während einer längeren feuchten Regenperiode von Mehltau befallen.

Zucchinipflanzen mögen einen sonnigen, warmen Standort in nährstoffreichem und lockerem Boden. Sie gedeihen auch gut am Komposthaufen. Auf dem Balkon oder der Terrasse lassen sich Zucchini sehr gut in großen Töpfen oder im Hochbeet anbauen.

Zucchini findet man in unterschiedlichen Formen und Farben, sät man sie zu Hause selbst vor, kann man echte Raritäten ernten.

Zucchinipflanzen sollten regelmäßig abgeerntet werden, damit sie mehr Früchte ausbilden. Auch die Blüten sind essbar. Man kann sie beispielsweise mit Kräuterquark füllen und frittieren.

ZUBEREITUNG:

- Den Bulgur nach Packungsanweisung in Salzwasser garen. Inzwischen die Petersilie waschen, trocken schütteln und grob schneiden. Die Zwiebel schälen, in feine Würfel schneiden und mit dem Olivenöl in einer Pfanne anbraten. Den Bulgur, die Rosinen und die Petersilie dazugeben und kurz anschwitzen. Die Pfanne vom Herd nehmen und den Bulgur mit den Gewürzen abschmecken.

- Die Zucchini waschen, in 1 Zentimeter dicke Scheiben schneiden und salzen. In Mehl wenden und nach und nach in einer Pfanne mit viel Öl goldbraun ausbacken.

- Den Bulgur auf Teller verteilen, mit Parmesan bestreuen und die Zucchinischeiben darauf anrichten.

GEFÜLLTES GEMÜSE

ZUTATEN:

Für die Füllung:
- 150 g Rundkornreis
- 170 g rote Linsen
- 2 Handvoll mediterrane Kräuterblätter (Oregano, Rosmarin, Thymian)
- 10 getrocknete Tomaten (in Öl)
- 1 Lauchzwiebel
- 1 TL Pfeffer
- Salz
- 2 Schöpfkellen Tomatensauce (s. u.)
- 250 g Fetakäse

Für die Tomatensauce:
- 1 große Zwiebel
- 1 Knoblauchzehe
- 4 EL Olivenöl extra vergine
- 600 ml passierte Tomaten
- 1 Handvoll Oreganoblättchen
- Salz und Pfeffer

Für das Gemüse:
- 4 Paprikaschoten
- 1 sehr große oder 2 mittelgroße Zucchini

Zubereitungszeit:
30 Minuten + 40 Minuten Backzeit

Zu diesem Rezept braucht man keine Beilage, es ist alles schon dabei. Die Füllung aus Reis und Linsen passt zu jedem Gemüse. Man kann nach Belieben wählen: große Fleischtomaten, Paprika aller Farben und Formen, Auberginen oder große Gemüsezwiebeln.

ZUBEREITUNG:

- Für die Füllung den Reis zusammen mit den Linsen in kochendem Wasser nach Packungsanweisung weich garen.

- Währenddessen den Backofen auf 180 °C Umluft vorheizen. Für die Tomatensauce die Zwiebel und den Knoblauch schälen, in feine Würfel schneiden und mit dem Olivenöl anschwitzen. Die passierten Tomaten dazugeben und sanft köcheln. Den Oregano waschen, trocknen, fein schneiden und mit Salz und Pfeffer zur Tomatensauce geben.

- Die Kräuter für die Füllung waschen, trocknen und mit den getrockneten Tomaten grob schneiden. Die Lauchzwiebel putzen, waschen und in Ringe schneiden. Für das Gemüse die Paprikaschoten waschen und den Stielansatz mit einem Messer vorsichtig herausschneiden. Das Kerngehäuse entfernen. Die sehr große Zucchini waschen, in 4 Stücke schneiden und die oberen zwei Drittel des Kerngehäuses mit einem Löffel herausschaben. Die normalen Zucchini einfach halbieren und die Kerne auskratzen.

- Das fertige Linsen-Reis-Gemisch in einer Schüssel mit Kräutern, Tomaten und Lauchzwiebel mischen. Mit Salz und Pfeffer abschmecken. Den Fetakäse bis auf eine kleine Menge für die Garnitur dazubröseln und 2 Schöpfkellen Tomatensauce unterheben. Die Füllung sehr würzig abschmecken.

- Die Tomatensauce in eine Auflaufform gießen. Das Gemüse füllen, mit Fetabröseln bestreuen und in die Auflaufform setzen. Das gefüllte Gemüse im heißen Ofen etwa 40 Minuten backen.

PAPRIKA-

FRITTATA

ZUTATEN:

- 2–3 Paprikaschoten (rot, orange, gelb)
- 1 kleine Zwiebel
- 1 Knoblauchzehe
- 6 Eier
- Olivenöl zum Braten
- Salz und Pfeffer
- 1 Zweig Rosmarin

Zubereitungszeit:
20 Minuten +
5 Minuten Backzeit

Nachdem wir eine neue Idee brauchten, was wir mit den Eiern machen könnten, die bei uns hin und wieder übrig sind, stießen wir auf die Frittata. Eine unglaublich einfache Basis, die nahezu unbegrenzt variiert und so mit den jeweils saisonal verfügbaren Zutaten zu jeder Jahreszeit schnell gemacht werden kann. Dieses Rezept mit Paprika und Rosmarin eignet sich ideal für den Sommer und kann auch kalt gegessen werden. Im Sommer würden sich ebenfalls Tomaten, Zucchini oder Bohnen anbieten. Für den Herbst könnte man Pilze und Kürbis, im Winter fein gehobeltes Weißkraut sowie gekochte Kartoffeln verwenden. Wichtig für die Zubereitung ist, dass eine feuerfeste, unbeschichtete Pfanne verwendet wird.

ZUBEREITUNG:

- Den Backofen auf 180 °C Ober-/Unterhitze vorheizen. Die Paprikaschoten waschen, vom Kerngehäuse befreien und in Stücke von 2 bis 3 Zentimeter Länge schneiden. Die Zwiebel und den Knoblauch schälen und fein würfeln. Alles zusammen in einer unbeschichteten, ofenfesten Pfanne am besten mit Olivenöl etwa 3 Minuten anbraten, bis die Paprikastücke etwas weich geworden sind. Bei Bedarf etwas Wasser dazugeben.

- In der Zwischenzeit die Eier und 1 kleinen Schuss Olivenöl mit einem Schneebesen in einer Schüssel verquirlen. Mit Salz und Pfeffer abschmecken. Wenn das Gemüse bereit ist, die Eiermasse darüber verteilen und etwa 2 Minuten stocken lassen. Dann die komplette Pfanne auf mittlerer Schiene 5 Minuten in den heißen Ofen schieben, bis die Frittata goldgelb ist.

- Den Rosmarin waschen und trocken schütteln. Die Nadeln vom Zweig zupfen, grob hacken und über die Frittata streuen. Zum Servieren die Frittata in gleich große Kuchenstücke schneiden.

EINGELEGTES SOMMERGEMÜSE

ZUTATEN FÜR 4 GLÄSER À 200 ML:

Für das Gemüse:
- 2 Zucchini
- 2 Paprikaschoten (rot und gelb)
- 2 Handvoll Cocktailtomaten
- je 2 Zweige Rosmarin und Thymian
- 2 EL Olivenöl extra vergine
- 1 großzügige Prise Meersalz

Für den Sud:
- 100 ml Apfelessig
- 2 EL Zucker

Außerdem:
- 4 Einmachgläser à 200 ml

Zubereitungszeit:
20 Minuten +
20–30 Minuten Backzeit

Saisonal kochen bedeutet auch Verzicht. Paprika, Zucchini und Tomaten kommen bei uns nur im Sommer und bis zur letzten Ernte im Spätherbst hinein frisch auf den Tisch. Um auch im Winter ab und zu Sommergemüse zu essen, greifen wir auf verschiedene Methoden des Haltbarmachens zurück. Paprika wird küchenfertig geschnitten eingefroren. Aus den letzten Tomaten kochen wir viele Gläser Sugo ein. Neben dem gerösteten Sommergemüse gibt es außerdem ein paar Gläser Ratatouille. Damit sind wir gut gerüstet, wenn in den kalten Monaten der Heißhunger auf Sommer zuschlägt.

ZUBEREITUNG:

- Den Backofen auf 200 °C Umluft vorheizen. Zucchini und Paprika und Tomaten waschen. Die Paprika halbieren, ohne Stielansatz entkernen und mit den Zucchini in Würfel schneiden. Rosmarin und Thymian waschen und trocken schütteln.

- Das vorbereitete Gemüse mit den Tomaten und den Kräutern auf einem tiefen Backblech oder in einer Auflaufform verteilen und mit dem Öl sowie 1 großzügigen Prise Meersalz vermischen. Das Gemüse im heißen Ofen je nach gewünschtem Röstgrad 20–30 Minuten backen.

- Währenddessen die Gläser mit kochendem Wasser sterilisieren. Für den Sud Essig und Zucker mit 100 Milliliter Wasser in einem kleinen Topf zum Kochen bringen. Das Gemüse auf die Gläser verteilen, mit dem kochenden Sud aufgießen und sofort verschließen. Die Gläser auf dem Kopf auf ein Geschirrtuch stellen, nach 10 Minuten wieder wenden und überprüfen, ob sich ein Vakuum gebildet hat.

Unser TIPP

Um das Gemüse länger haltbar zu machen, kocht man es nochmals ein (siehe Seite 16).

•ROTE•

GRÜTZE

ZUTATEN:

- 1 kg gemischte Früchte nach Wahl
- 1 Schuss Rum
- 100 g Zucker
- 2 EL Kartoffelmehl (oder andere Speisestärke)

Zubereitungszeit:
30–45 Minuten +
1 Stunde Kühlen

Rote Grütze ist Kindheitserinnerung pur. Als Kaltschale im Sommer mit Vanilleeis und Sahne oder warm mit Vanillesauce im Winter immer ein Genuss. Die Früchte lassen sich dabei jedes Mal etwas anders zusammenstellen. Wir haben einen früh tragenden Kirschbaum im Garten und können deshalb frische Johannisbeeren, Erdbeeren und die ersten Stachelbeeren untermischen. Einen Teil der Beeren frieren wir ein und warten auf die Ernte von Schwarzen Johannisbeeren und Brombeeren. Die rote Grütze lässt sich sehr gut konservieren, indem man sie heiß in Gläser füllt und im Backofen einkocht.

ZUBEREITUNG:

- Die Früchte verlesen, waschen und trocknen. Werden Kirschen verwendet, diese entsteinen. Das Obst mit dem Zucker und dem Rum in einem Topf aufkochen und köcheln, bis die Früchte die gewünschte Konsistenz haben. Die Speisestärke in eine Schüssel sieben, mit wenig kaltem Wasser glatt rühren und zum Binden in die Grütze einrühren. Die Grütze nochmals gut aufkochen, bis sie eindickt, dann in eine große Schüssel oder portionsweise in kleine Schalen füllen und auskühlen lassen.

STREUSELKUCHEN

VOM BLECH

ZUTATEN FÜR 6 SCHÄLCHEN:

Für den Teig:
- 500 g Dinkelmehl (Type 630) + Mehl für die Arbeitsfläche
- 75 g Zucker
- 1 Prise Salz
- ½ Würfel Hefe
- 250 ml lauwarme Milch
- 75 g zerlassene, abgekühlte Butter
- Fett für das Blech

Für die Streusel:
- 200 g Dinkelmehl (Type 630)
- 100 g gemahlene Mandelkerne
- 100 g Zucker
- 200 g weiche Butter (in Stücken)
- 1 Prise frisch geriebene Muskatnuss
- 1 TL gemahlener Zimt

Für den Belag:
- 1 kg Kirschen

Zubereitungszeit:
20 Minuten + 1 Stunde 30 Minuten Gehzeit + 25–30 Minuten Backzeit

Dieser Kuchen ist ein Allroundtalent. Im Sommer lässt er sich mit allen nur erdenklichen Früchten belegen. Gemischt oder die eine Hälfte mit roten Früchten, die andere Hälfte mit gelben Früchten belegt. Im Herbst darf ein Zwetschgenkuchen mit ordentlich Sahne darauf nicht fehlen. Und wenn wir wieder zu viel Marmelade eingekocht haben, wandert ein großes Glas in dieses Streuselkuchenrezept. Man kann unter den Streuseln auch noch eine Schicht Pudding unterbringen oder ihn ganz ohne fruchtigen Belag backen.

ZUBEREITUNG:

- Für den Teig Mehl, Zucker und Salz in einer Schüssel vermischen. Die Hefe zerbröseln, mit 4 Esslöffeln lauwarmer Milch verrühren und in die Schüssel geben. Nach und nach die restliche Milch und die Butter hinzufügen und den Teig gut durchkneten. Abgedeckt an einem warmen Ort etwa 1 Stunde ruhen lassen, bis der Teig sich sichtlich vergrößert hat.

- Währenddessen für die Streusel Mehl, Mandeln und Zucker in einer Schüssel mischen. Die Butter dazugeben und alles zügig zu Streuseln verarbeiten. Die Streusel im Kühlschrank kalt stellen. Für den Belag die Kirschen waschen und entkernen.

- Den Hefeteig auf einer bemehlten Fläche nochmals gut durchkneten und auf ein eingefettetes Backblech legen. Den Teig in alle Richtungen drücken, bis er das ganze Blech ausfüllt. Die Kirschen auf dem Teig verteilen und mit den Streuseln bestreuen.

- Den Kuchen nochmals an einem warmen Ort etwa 30 Minuten ruhen lassen. Inzwischen den Backofen auf 200 °C Ober-/Unterhitze vorheizen.

- Den Streuselkuchen im heißen Ofen auf mittlerer Schiene 25–30 Minuten backen.

HERBST

- BUNT UND INTENSIV -

Der Sommer geht langsam zu Ende, die Tage werden kürzer und die Landschaft färbt sich gelb, orange, rot. Kein Grund, den Kopf hängen zu lassen. Denn auch und gerade jetzt gibt es tolle Dinge für die Küche: frische Äpfel, Kürbis, Trauben, Quitten und Nüsse.

good FOOD good MOOD

TOPINAMBUR-
SUPPE

ZUTATEN:

Für die Suppe:
- 800 g Topinamburknollen
- 1 Zwiebel
- Öl zum Braten
- 800 ml Gemüsebrühe
- 200 g Sahne
- ½ TL Chiliflocken
- Salz und Pfeffer

Für das Topping:
- 2 Topinamburknollen
- 2 Stängel Salbei
- Öl zum Frittieren

Zubereitungszeit:
20 Minuten +
30 Minuten Kochzeit

Die Topinambur ist eine Vertreterin der Sonnenblumen und absolut robust. Einmal im Garten eingezogen, bekommt man sie nicht mehr los. Deshalb pflanzt man die Knollen am besten nicht direkt ins Beet, sondern etwas abseits, wo sie sich ungehindert ausbreiten können. Die Topinamburpflanzen werden zwei bis drei Meter hoch und können im Garten als Windschutz gepflanzt werden. Mit ihren strahlend gelben kleinen Blüten sind sie darüber hinaus ein absoluter Hingucker im Spätsommergarten. Ab Oktober können die Knollen geerntet werden. Wie bei der Kartoffelernte gräbt man die Pflanze am besten mit einer Grabgabel aus und sammelt die Knollen auf. Die Knollen sind nicht frostempfindlich, das heißt, man kann den ganzen Winter hindurch einzelne Pflanzen abernten.

ZUBEREITUNG:

- Die Topinamburknollen mit einer Gemüsebürste unter fließendem Wasser gut putzen und in kleine Stücke schneiden. Die Zwiebel schälen, würfeln und mit Öl in einem Topf kurz anbraten. Die Topinamburstücke dazugeben und mitschwitzen. Die Gemüsebrühe angießen, einmal aufkochen und bei niedriger Hitze etwa 30 Minuten köcheln, bis die Topinamburstücke weich sind.

- Inzwischen für das Topping die gewaschenen Topinamburknollen fein hobeln. Die gewaschenen und trocken geschüttelten Salbeiblätter von den Stängeln zupfen und alles nach und nach in einem kleinen Topf mit heißem Öl frittieren. Zum Abtropfen auf Küchenpapier legen.

- Die Sahne zur Suppe gießen und das Ganze mit einem Stabmixer zu einer cremigen Suppe pürieren. Nach Bedarf noch etwas Brühe oder Wasser dazugeben. Die Suppe mit Chiliflocken, Salz und Pfeffer abschmecken.

- Die Suppe auf Schüsseln oder Suppenteller verteilen und mit den frittierten Topinamburchips und Salbeiblättern bestreuen.

DRESSINGS

MIT KÜRBISKERNÖL UND MIT APFEL

ZUTATEN:

Kürbiskernöldressing
- 50 ml Kürbiskernöl
- 2 EL süßer Senf
- 50 ml Weißweinessig
- 100 ml kalt gepresstes Rapsöl
- Salz und Pfeffer

Apfeldressing
- 100 ml naturtrüber Apfelsaft
- 50 ml Apfelessig
- 50 ml kalt gepresstes Rapsöl
- 1 TL mittelscharfer Senf
- Salz und Pfeffer

Zubereitungszeit: jeweils 10 Minuten

Diese zwei Salatsaucen sind perfekt für einen herbstlichen Salatteller. Das Kürbiskernöldressing ist kräftig im Geschmack und passt sehr gut zu festeren Salatsorten wie Batavia oder Romana. Dazu unbedingt Kürbiskerne über den Salat streuen.

Das Apfeldressing hat ein sehr fruchtiges Aroma. Es passt zu grünem Salat genauso gut wie zu einem Rohkostsalat aus Knollensellerie und Äpfeln.

ZUBEREITUNG:

- Für das Kürbiskernöldressing wie für das Apfeldressing die Zutaten in einem Schraubglas kräftig durchschütteln, bis sich alle Bestandteile gut miteinander verbunden haben und ein sämiges Dressing entstanden ist.

BASILIKUM-

PESTO

ZUTATEN:

- 100 g Sonnenblumenkerne
- 40 g Basilikum
- 1 kleine Knoblauchzehe
- 150 ml Olivenöl extra vergine
- 100 g geriebener Parmesan
- Salz und Pfeffer

Zubereitungszeit: 10 Minuten

*Basilikum im Herbst – manch eine*r mag jetzt stutzen. Natürlich gehört das Basilikum zu den Sommerkräutern, zu Tomate mit Mozzarella oder in einen Sommerdrink wie den Basil Smash.*

Wenn wir im Oktober die letzten Tomaten abernten und die grünen Früchte zum Nachreifen mit nach Hause nehmen, schneiden wir auch unsere Basilikumbüsche ab. Ein bisschen Basilikum wandert in den Tomatensugo, der Rest wird zu Pesto. Und da kommt einiges zusammen, denn Basilikum ist ein sehr beliebtes Kraut – nicht nur bei uns, auch bei den Bienen kommt es sehr gut an. Jedes Jahr steht ein Topf rotes Strauchbasilikum bei uns auf dem Balkon, an dessen Blüten sich zahlreiche Bienen und Hummeln laben. Am liebsten ist uns ein ganzer Topfgarten voller Basilikumvielfalt auf dem Balkon: Zitronenbasilikum, Thaibasilikum, das kleinblättrige Basilikum und viele Sorten mehr.

ZUBEREITUNG:

- Die Sonnenblumenkerne ohne zusätzliches Fett in einer unbeschichteten Pfanne anrösten. In eine Schüssel umfüllen und abkühlen lassen. Das Basilikum waschen und trocken schütteln. Die Blätter abzupfen, mit dem geschälten Knoblauch grob hacken und mit den restlichen Zutaten in einen Mixer geben. Das Ganze zu einer homogenen Paste pürieren. Falls nötig etwas mehr Olivenöl dazugeben.

Unser TIPP

In saubere Gläser gefüllt und vorsichtig mit Öl bedeckt, hält sich das Pesto kühl gelagert etwa vier Wochen. Wer einen großen Vorrat einlagern möchte, friert das Pesto am besten in kleinen Portionen ein.

KÜRBIS-

•AUFSTRICH•

ZUTATEN:

- 400 g Hokkaidokürbis
- Rapsöl zum Braten
- 250 g weiße Bohnen (gekocht)
- 1 kleine Knoblauchzehe
- 1 EL Honig
- 1 Prise gemahlener Kreuzkümmel
- 1 Prise gemahlener Zimt
- Salz und Pfeffer

Zubereitungszeit:
20 Minuten

Auf unserem Balkon hat es mit dem Anbau von Kürbissen nie wirklich geklappt – zu heiß auf dem Südbalkon und zu wenig Platz. Selbst im Garten ist jedes Kürbisjahr anders. Es gibt sehr gute, gute und sehr schlechte Erntejahre. Da hilft nur Vielfalt und im Zweifel immer ein Pflänzchen mehr in die Erde zu setzen.

Unsere liebsten Kürbissorten sind allen voran der Hokkaido, weil er geschmacklich besticht und man ihn nicht schälen muss, Butternut, Patisson, Bischofsmütze und der Muskatkürbis. Am liebsten braten wir Kürbis scharf in der Pfanne an oder rösten ihn im Ofen und essen ihn mit einem Joghurtdressing dazu oder auf Salat. Der vegane Aufstrich schmeckt auf einem Stück Weißbrot oder auch mit etwas Nudelwasser gestreckt als Pastasauce.

ZUBEREITUNG:

- Den Kürbis waschen, halbieren, entkernen und in kleine Stücke schneiden. In einer Pfanne etwas Öl erhitzen und die Kürbisstücke darin scharf anbraten. Die Hitze reduzieren, etwas Wasser angießen und den Kürbis 10 Minuten garen.

- Den Kürbis und die Bohnen zusammen mit dem geschälten Knoblauch und den restlichen Zutaten in einen Mixer geben und glatt pürieren. Falls die Masse zu dickflüssig ist, etwas Wasser untermixen.

Unser TIPP

Zum Anrichten gibt man den Aufstrich in eine Schüssel und bestreut ihn mit verschiedenen Toppings. Kräuter oder Sprossen, Granatapfelkerne, Kürbiskerne, karamellisierte Walnüsse, etwas Kürbiskernöl – der Kreativität sind hier keine Grenzen gesetzt.

RETTICHSALAT

ZUTATEN:

- 1 schwarzer Rettich
- 2 rote Rettiche
- 1 kleiner weißer Rettich
- Salz
- 4 EL Weißweinessig
- Pfeffer
- 100 g Sahne
- ½ Bund Schnittlauch

Zubereitungszeit:
15 Minuten +
30 Minuten
Durchziehen

Dies ist ein typischer Salat für die kalten Monate, bei dem man die Rettichsorten beliebig variieren kann. Im Frühling gibt es ihn bei uns oft mit Radieschen und Eiszapfen, ab Herbst dann mit roten, weißen und schwarzen Rettichen. Der schwarze Rettich ist besonders lagerfähig. Leichter Frost kann ihm mit seiner festen Schale nichts anhaben und so darf er besonders lang in den Beeten stehen bleiben. Der schwarze Rettich ist schärfer als seine Verwandten und wird noch heute gern als Heilmittel gegen Husten eingesetzt. Die Schale kann mitgegessen werden, fein gehobelt sieht er im Salat sehr schön aus. Aber nicht nur als Rohkost ist der schwarze Rettich zu empfehlen. Zusammen mit Kartoffeln lässt sich eine wohltuende, leicht scharfe Suppe aus ihm kochen.

ZUBEREITUNG:

- Die Rettiche waschen und fein hobeln, dann in einer Schüssel mit 1 TL Salz und dem Weißweinessig mischen und mindestens 30 Minuten ziehen lassen.

- Den Schnittlauch waschen, trocken schütteln und in feine Röllchen schneiden. Die Sahne zum Rettich gießen und den Salat mit Pfeffer und mehr Salz nach Geschmack abschmecken. Abschließend den Rettichsalat mit den Schnittlauchröllchen bestreuen.

Steckrüben-Stampf

ZUTATEN:

- 1 kg Steckrüben
- 500 g mehligkochende Kartoffeln
- Salz
- 2 Birnen
- 100 g Butter
- 2 EL Zucker
- 100 g geriebener würziger Bergkäse
- 50 g Butter
- frisch geriebene Muskatnuss
- Pfeffer
- 1 Schuss Milch

Zubereitungszeit: 40 Minuten

Steckrüben bauen wir nicht im Garten an, dafür reicht der Platz nicht aus. Man muss sich als Hobbygärtner eben auch einschränken. Dafür bekommen wir die Steckrüben im Winter mit unserer Biokiste geliefert. Geerntet werden können die Rüben ab Herbst und sie sind bis ins Frühjahr lagerfähig. Im Winter nutzen wir die Steckrübe gern als Basis für Eintöpfe. Ihre orangene Farbe ist ein echter Hingucker. Das Püree mit karamellisierten Birnen ist nicht nur eine perfekte Beilage, sondern wird mit einem Salat oder einer Gemüsebeilage zur vollwertigen Mahlzeit. Das Rezept funktioniert auch gut mit Kürbis statt Steckrübe.

ZUBEREITUNG:

- Die Steckrüben und die Kartoffeln schälen, in kleine Stücke schneiden, in Salzwasser aufkochen und etwa 20 Minuten weich garen.

- Währenddessen die Birnen waschen, achteln und das Kerngehäuse entfernen. Die Butter in einer Pfanne erhitzen und die Birnen darin leicht anbraten. Den Zucker darüberstreuen und die Birnenscheiben karamellisieren, dabei immer wieder die Pfanne schwenken, damit die Birnen von allen Seiten gebräunt werden.

- Wenn das Gemüse gar ist, Steckrüben und Kartoffeln abgießen und im Topf kurz ausdampfen lassen. Die Stücke mit dem Kartoffelstampfer grob zerdrücken. Wer lieber ein fluffiges Püree haben möchte, drückt das Gemüse durch eine Kartoffelpresse.

- Den geriebenen Käse und die Butter in Flöckchen untermischen. Mit Muskatnuss, Salz und Pfeffer würzen. Ein Schuss Milch macht den Stampf noch cremiger.

- Den Steckrübenstampf in Schalen oder auf tiefen Tellern anrichten und mit den karamellisierten Birnenspalten toppen.

Äpfel
neue
Ernte!

SÜSSKARTOFFELN

MIT SENFDIP

ZUTATEN:

Für die Süßkartoffeln:
- 4 mittelgroße Süßkartoffeln
- Salz
- Olivenöl zum Braten

Für den Dip:
- 2 EL Naturjoghurt
- 2 EL Frischkäse
- 2 EL Mayonnaise
- 1 TL süßer Senf
- 2 TL körniger Senf
- 1 Spritzer Zitronensaft

Zubereitungszeit:
40 Minuten

Süßkartoffeln lassen sich gut in Kübeln anbauen. Da sie sehr wärmeliebend sind, eignet sich ein großer Topf an einem vollsonnigen, geschützten Standort sogar besser als der Anbau im Freiland. Um mehr Knollen ernten zu können, sollte man alle Triebe dazu anregen, Wurzeln zu bilden. Dafür senkt man die Triebe ab, beschwert sie eventuell mit einem Stein und bedeckt einen Teil des Triebes mit Erde. An den neu gebildeten Wurzeln bilden sich mit etwas Glück zusätzliche Süßkartoffeln aus. Süßkartoffelpflanzen sind sehr kälteempfindlich. Man sollte sie auf gar keinen Fall vor den Eisheiligen Mitte Mai auspflanzen. Sie benötigen einen nährstoffreichen Boden und sollten regelmäßig gegossen werden, damit sie große Knollen ausbilden. Geerntet werden die Süßkartoffeln ab September. Da sie nicht besonders lang lagerfähig sind, erntet man am besten immer einzelne Knollen. Die Blätter sind übrigens essbar und können wie Spinat zubereitet werden.

ZUBEREITUNG:

- Die Süßkartoffeln mit Schale gründlich waschen, im Ganzen in Salzwasser aufkochen und je nach Größe 35–45 Minuten weich garen. Währenddessen alle Zutaten für den Dip in einer Schüssel gut miteinander verrühren.

- Die Süßkartoffeln abgießen und etwas abkühlen lassen. Dann vierteln und die einzelnen Teile zwischen zwei Schneidebrettern vorsichtig quetschen. Das Olivenöl in einer Pfanne erhitzen und die Süßkartoffeln darin von beiden Seiten sehr knusprig anbraten.

- Die Süßkartoffeln auf einer Platte oder einem Holzbrett anrichten und den Dip dazu reichen.

Unser TIPP

Die gequetschten Süßkartoffeln lassen sich auch hervorragend auf dem Grill anrösten.

BOHNENEINTOPF

MIT PARMESAN

ZUTATEN:

- 300 g getrocknete weiße Bohnen
- 2 kg gemischtes Gemüse
- 1 Zwiebel
- Olivenöl zum Braten
- 2 l Gemüsebrühe
- 500 ml Tomatensugo
- ½ Bund glatte Petersilie
- 100 g Parmesan
- Salz und Pfeffer

Zubereitungszeit: 10 Minuten + 1 Stunde Kochzeit + 12 Stunden Einweichen

Wenn die ersten nass-kalten Tage des Herbstes anbrechen, wird es Zeit für wärmende Suppen, Schmorgerichte, Aufläufe und natürlich Eintöpfe. Da freut man sich auch über das scheußlichste Wetter.

Eintopf wird bei uns immer gekocht, wenn sich im Kühlschrank viel Wurzelgemüse angesammelt hat. Dieser Eintopf besteht aus Karotten, Lauch, Kartoffeln, Sellerie und den letzten frischen Bohnen. Durch den Tomatensugo bekommt der Eintopf ein wenig Säure und der Parmesan bringt Umami mit hinein. Wer im Herbst die letzten Tomaten aberntet und in der Wohnung nachreifen lässt, kann diese statt dem Sugo verwenden.

ZUBEREITUNG:

- Die Bohnen in einer Schüssel mit kaltem Wasser bedecken und über Nacht einweichen.

- Das Gemüse putzen, je nach Sorte waschen oder schälen und in mundgerechte Stücke schneiden. Die Zwiebel schälen, würfeln und in einem großen Topf in etwas Olivenöl anbraten. Nach und nach das Gemüse dazugeben und mitschwitzen. Die Gemüsebrühe und den Tomatensugo angießen, die eingeweichten und abgegossenen Bohnen dazugeben und den Eintopf bei mittlerer Hitze 1 Stunde köcheln.

- Die Petersilie waschen, trocken schütteln und grob hacken. Den Parmesan in Stifte hobeln. Den Eintopf mit Salz und Pfeffer abschmecken, in Schalen oder tiefe Teller schöpfen und mit Petersilie und Parmesan bestreuen.

KARTOFFELN

•GEFÜLLT•

ZUTATEN:

- 4 große festkochende Kartoffeln
- Salz
- 100 g Fetakäse
- 50 g würziger Bergkäse
- 1 Bund Schnittlauch
- 100 g Schmand
- 2 TL Kümmelsamen
- Salz und Pfeffer

Zubereitungszeit:
30 Minuten +
15 Minuten Backzeit

Kartoffeln anzubauen ist nicht schwer. Man lässt sie ab Mitte März an einem hellen, kühlen Ort keimen und setzt sie ab April in lockere Erde. Wenn die Kartoffelpflanzen etwa zehn Zentimeter aus dem Boden ragen, häufelt man die Pflanzen mit Erde an, damit sie mehr Knollen ausbilden. Wir haben auf unserem Balkon verschiedene alte Sorten in Kübeln und in Jutesäcken angebaut. Im Garten ist aber deutlich mehr Platz, um uns von September bis weit ins Frühjahr mit Kartoffeln selbst zu versorgen. Bei den Sorten variieren wir jedes Jahr. Wir kaufen Setzkartoffeln in verschiedenen Farben und Formen und vor allem achten wir auf unterschiedliche Reifezeiten. Die ersten Frühkartoffeln kann man schon ab Ende Juli ernten. Sehr späte Sorten ernten wir bis in den Oktober hinein und lagern sie kühl und trocken. Die ersten Kartoffeln jeder Sorte verkosten wir ganz simpel mit etwas Butter und Salz.

ZUBEREITUNG:

- Die Kartoffeln gründlich waschen, in einem Topf mit Salzwasser aufkochen und etwa 30 Minuten weich garen. Inzwischen den Backofen auf 180 °C Umluft vorheizen.

- Die fertigen Kartoffeln abgießen, ausdampfen und etwas abkühlen lassen. In dieser Zeit den Fetakäse zerbröseln, den Bergkäse reiben. Den Schnittlauch waschen, trocken schütteln und in Röllchen schneiden. Die Kartoffeln der Länge nach mit einem Löffel aushöhlen. Das Ausgehöhlte in einer Schüssel mit den beiden Käsesorten, dem Schmand, dem Schnittlauch und den Kümmelsamen zu einer homogenen Masse vermischen. Die Kartoffelmasse mit Salz und Pfeffer abschmecken.

- Die Kartoffeln mit der Masse füllen, in eine Auflaufform setzen und im heißen Ofen 15 Minuten goldbraun backen.

GRAUPENRISOTTO

MIT PILZEN

ZUTATEN:

- 50 g getrocknete Pilze
- 1 rote Zwiebel
- 1 Knoblauchzehe
- Olivenöl zum Braten
- 350 g Graupen (mittel)
- 1 Schuss Weißwein
- 600 ml Gemüsebrühe
- 200 g frische Pilze (z. B. Pfifferlinge, Steinpilze, Champignons, Herbsttrompeten, Morcheln, Shiitake)
- 100 g würziger Bergkäse
- je ½ Bund Petersilie und Schnittlauch
- 2 EL Butter
- Salz und Pfeffer

Zubereitungszeit:
30 Minuten + mind.
1 Stunde Einweichen

Gerstengraupen verbinden viele Menschen mit schleimigen Suppen, dabei können sie so viel mehr. Wir verwenden sie nicht nur als Risotto, sondern nutzen sie gern als Grundlage für kernige Salate. Wer das ausprobieren möchte, kann die Linsen auf Seite 92 oder den Bulgur auf Seite 97 durch Graupen ersetzen. Auch für Süßspeisen sind Graupen geeignet. Man kann sie beispielsweise wie Milchreis kochen.

ZUBEREITUNG:

- Die getrockneten Pilze in einer Schüssel mit 150 ml Wasser mindestens 1 Stunde, am besten über Nacht, einweichen. Die Pilze abseihen, dabei das Einweichwasser auffangen.

- Die Zwiebel und die Knoblauchzehe schälen, fein würfeln und in einem Topf in etwas Olivenöl anschwitzen. Die Graupen dazugeben und kurz mitschwitzen. Mit dem Weißwein ablöschen und die Flüssigkeit etwas einkochen. Die Hälfte der Gemüsebrühe und das Einweichwasser der getrockneten Pilze angießen, das Risotto aufkochen und bei niedriger Hitze etwa 20 Minuten köcheln. Dabei das Risotto immer wieder durchrühren und, sobald nötig, mehr Brühe angießen.

- Währenddessen die frischen Pilze putzen, bei Bedarf mit Küchenpapier trocken abreiben und in mundgerechte Stücke schneiden. Den Käse reiben, die Kräuter waschen, trocken schütteln und fein hacken. Die frischen Pilze in einer Pfanne mit Butter anbraten. Die eingeweichten Pilze dazugeben, kurz mitschwitzen und mit Salz und Pfeffer würzen.

- Wenn die Graupen gar sind, sollte die Brühe verkocht sein, sodass ein schlotziges Risotto entsteht. Den Käse und die gehackten Kräuter unterheben und das Ganze mit Salz und Pfeffer abschmecken. Das Risotto auf Teller verteilen und mit den gebratenen Pilzen bestreuen.

SCHWARZWURZEL-KARTOFFEL-
AUFLAUF

ZUTATEN:

Für den Auflauf:
- 800 g festkochende Kartoffeln
- Salz
- 800 g Schwarzwurzeln
- Saft von 1 Zitrone
- 400 g geriebener Käse (z. B. Gouda, Edamer, würziger Bergkäse)

Für die Sauce:
- 50 g Butter
- 2 EL Weizenmehl
- 750 ml Milch
- 1 Lorbeerblatt
- 2 Prisen frisch geriebene Muskatnuss
- 1 Prise Chiliflocken
- Pfeffer

Zubereitungszeit:
30 Minuten + 20 Minuten Backzeit

Ab Oktober findet man die dunklen, meist sehr sandigen Wurzeln beim Gemüsehändler. Schwarzwurzeln sind frostbeständig, deshalb reicht die Saison bis ins Frühjahr hinein. Im Garten oder im Hochbeet lassen sich Schwarzwurzeln relativ unkompliziert anbauen. Dafür braucht man gut gelockerten Boden oder aufgeschüttete Dämme. Um möglichst dicke, lange Stangen ernten zu können, sät man schon Mitte Februar bis Mitte März in Reihen aus.

ZUBEREITUNG:

- Die Kartoffeln gründlich waschen, in einem Topf mit Salzwasser aufkochen und etwa 30 Minuten weich garen.

- Inzwischen die Schwarzwurzeln im mit Wasser gefüllten Spülbecken säubern und am besten unter Wasser schälen, damit der Milchsaft nicht alles verklebt. Die Schwarzwurzeln in mundgerechte Stücke schneiden und in einer Schüssel mit Wasser und etwas Zitronensaft sammeln, damit sie nicht braun werden. Die Schwarzwurzeln in kochendem Salzwasser 15–20 Minuten bissfest garen.

- Währenddessen den Backofen auf 180 °C Umluft vorheizen. Für die Sauce die Butter in einem Topf erhitzen und das Mehl mit einem Schneebesen unterrühren. Nach und nach die Milch angießen, das Lorbeerblatt dazugeben, mit Muskatnuss, Chiliflocken, Salz und Pfeffer würzen. Das Ganze aufkochen und bei niedriger Hitze ein paar Minuten köcheln, bis die Sauce andickt. Dabei immer wieder umrühren, damit nichts einbrennt. Das Lorbeerblatt entfernen und die Sauce noch mal abschmecken.

- Die Kartoffeln und die Schwarzwurzeln abgießen. Die Kartoffeln in Stücke schneiden und zusammen mit den Schwarzwurzeln in einer Auflaufform verteilen. Die Sauce und zwei Drittel des geriebenen Käses hinzufügen und gut durchmischen. Abschließend den Auflauf mit dem restlichen Käse bestreuen und etwa 20 Minuten goldbraun backen.

ZWIEBEL-

•KUCHEN•

Wenn der Herbst beginnt, werden die Tage spürbar kürzer und kühler. Noch vor November zeigt sich diese Jahreszeit von ihrer schönsten Seite. In unserer Gegend beginnt dann die Weinernte. Und damit ist Zeit für die ersten Weinfeste. Hier werden zum Wein traditionell immer Zwiebel- oder Lauchkuchen, Dinnete oder ähnliche Backwaren gereicht.

Dieser herzhafte Zwiebelkuchen ist ganz leicht zuzubereiten und vielleicht macht man dann auch gleich zwei, weil einer ist meistens schnell aufgegessen. Am besten serviert man dazu neuen Wein oder den viel zu unterschätzten Trollinger Rotwein.

ZUTATEN:

Für den Teig:
- 200 g Dinkelmehl (Type 630)
- 150 g Butter + Butter zum Einfetten
- Salz
- 1 Prise Natron
- 1 Ei
- Semmelbrösel zum Ausstreuen

Für den Belag:
- 700 g Zwiebeln
- 1 EL Butter
- 200 g Schmand
- 1 Ei
- 100 g geriebener Emmentaler
- gemahlener Kümmel und frisch geriebene Muskatnuss nach Geschmack
- Pfeffer

Außerdem:
- Springform oder Tarteform (ø 28 cm)

Zubereitungszeit:
30 Minuten +
45 Minuten Backzeit

ZUBEREITUNG:

- Für den Teig das Mehl in eine Schüssel geben. Die Butter klein schneiden und mit dem Mehl krümelig verkneten. 2 Prisen Salz, das Natron und das Ei dazugeben und zügig zu einer glatten Teigkugel verarbeiten. Auf einem Teller im Kühlschrank kalt stellen.

- Den Ofen auf 200 °C Ober-/Unterhitze vorheizen. Für den Belag die Zwiebeln schälen, in Ringe schneiden und mit Butter in einer Pfanne bei mittlerer Hitze anbraten, bis sie leicht braun sind. In einer Schüssel Zwiebeln, Schmand, Ei und Emmentaler mischen und mit Kümmel, Muskat, Salz und Pfeffer gut abschmecken.

- Eine Springform oder Tarteform mit etwas Butter einfetten und mit Semmelbrösel ausstreuen. Den Teig auf einer bemehlten Fläche ausrollen und in die Form legen. Mit einer Gabel den Boden mehrmals einstechen und den Belag gleichmäßig darauf verteilen.

- Den Zwiebelkuchen im heißen Ofen auf mittlerer Schiene 45 Minuten backen.

Mixed Pickles

ZUTATEN FÜR 3 GLÄSER À 250 ML:

- 1 kg Gemüse nach Wahl
- 350 ml Weißweinessig
- 2 EL Meersalz
- 2 EL Rohrzucker

Außerdem:
- 3 Einmachgläser à 250 ml

Zubereitungszeit:
15 Minuten

Wir backen regelmäßig Brot und dazu benötigen wir leckere Beilagen. Mixed Pickles sind genau das Richtige für eine Brotzeit. Man kann sie ganz einfach und schnell selbst zubereiten. Wir legen uns immer eine bunte Vielfalt an saisonalen Gemüsesorten ein.

Folgende Gemüsesorten eignen sich gut: Blumenkohl, Brokkoli, Weißkohl, Rettich, Rüben, Karotten, kleine Gurken, Paprika, kleine Zwiebeln und Frühlingszwiebeln.

ZUBEREITUNG:

- Die Einmachgläser mit kochendem Wasser sterilisieren. Das Gemüse je nach Sorte putzen, waschen oder schälen, in mundgerechte Stücke schneiden und gemischt in die Gläser schichten.

- Für den Sud den Weißweinessig mit dem Meersalz und dem Rohrzucker sowie 650 Milliliter Wasser in einem Topf aufkochen. Die Gläser bis zum Rand mit dem kochenden Sud füllen, fest verschließen und das Gemüse vor dem Verzehr mindestens 1 Tag durchziehen lassen.

- Wer das Gemüse lieber etwas weicher haben möchte, gart es im Sud, bis die gewünschte Konsistenz erreicht ist.

Unser TIPP

Man kann den Geschmack durch die Zugabe verschiedener Gewürze variieren. Hierfür eignen sich beispielsweise Pfefferkörner, Senfsamen, Lorbeerblätter, Chiliflocken oder Kümmelsamen.

HOKKAIDO

SÜSS-SAUER EINGELEGT

ZUTATEN FÜR 4 GLÄSER À 250 ML:

- 400 ml Apfelmost
- 100 ml weißer Balsamicoessig
- 300 g Zucker
- Salz
- 3 Nelken
- 1 TL Pfefferkörner
- 1 Zimtstange
- 1 Lorbeerblatt
- 1 Hokkaidokürbis (ca. 1 kg)

Außerdem:
- 4 Einmachgläser à 250 ml

Zubereitungszeit: 30 Minuten

Der Hokkaidokürbis eignet sich sehr gut zum Einkochen. Er zerfällt nicht so schnell und sieht durch seine knallorange Farbe auch noch sehr gut aus. Süß-sauer eingelegt servieren wir den Kürbis gern zur Brotzeit. Er verfeinert auch ein Kürbiscurry und macht sich hervorragend als Topping auf Püree. In noch kleinere Würfel geschnitten und in Olivenöl angebraten, mit Pasta, noch mehr Olivenöl und Parmesan wird er ganz schnell zu einem herbstlichen Pastagericht.

ZUBEREITUNG:

- Für den Sud Apfelmost, Essig, Zucker und 1 ½ TL Salz aufkochen. Nelken, Pfeffer, Zimt und Lorbeer dazugeben und den Sud auf der ausgeschalteten Herdplatte ziehen lassen.

- Währenddessen den Kürbis waschen, halbieren, entkernen und in Würfel schneiden. Den Sud nochmals aufkochen, die Kürbiswürfel dazugeben und etwa 8 Minuten zugedeckt köcheln lassen. Darauf achten, dass das Kürbisfleisch noch bissfest ist.

- Während der Kürbis im Sud kocht, die Gläser mit kochendem Wasser sterilisieren und neben dem Herd bereitstellen.

- Die Kürbiswürfel auf die Gläser verteilen. Die Gläser bis zum Rand mit dem kochenden Sud füllen, fest verschließen und etwa 5 Minuten auf den Deckel stellen. Danach die Gläser umdrehen und vollständig auskühlen lassen. Der Kürbis sollte mindestens 2 Wochen durchziehen. Angebrochene Gläser im Kühlschrank aufbewahren.

APFELCRUMBLE

ZUTATEN:

Für das Obst:
- 3 Äpfel (z. B. Elstar, Boskop oder Jonagold)
- 1 EL Speisestärke
- ½ TL gemahlener Zimt
- 1 Prise frisch geriebene Muskatnuss

Für die Streusel:
- 150 g Dinkelmehl (Type 630)
- 100 g zarte Haferflocken
- 50 g Zucker
- 180 g weiche Butter

Außerdem:
- unten geschlossene Backform (z. B. Pie-Form)

Zubereitungszeit:
20 Minuten +
40 Minuten Backzeit

Einem Crumble frisch aus dem Ofen können wir nicht widerstehen. Mit einer Kugel Eis und Sahne serviert, ist er der perfekte Abschluss eines Essens mit Familie und Freunden. Man kann ihn sehr gut vorbereiten und backt ihn entweder à la minute oder wärmt ihn noch einmal auf. Für weitere herbstliche Varianten ersetzt man die Äpfel durch Birnen, Zwetschgen oder Brombeeren. Dazu passt entweder ein klassisches Vanille- oder Zimteis.

ZUBEREITUNG:

- Den Backofen auf 180 °C Umluft vorheizen. Inzwischen für die Streusel Mehl, Haferflocken und Zucker in eine Schüssel geben und vermischen. Die Butter in Flocken dazugeben und alle Zutaten verkneten, bis schöne Streusel entstanden sind. Die Streusel beiseitestellen.

- Für das Obst die Äpfel waschen, vierteln, vom Kerngehäuse befreien und in kleine Stücke schneiden. Die Stücke in einer Schüssel mit Speisestärke, Zimt und Muskat vermischen. Alles in eine unten geschlossene Backform geben (bei Ringformen würde die Butter der Streusel möglicherweise unten auslaufen). Mit den Streuseln bedecken.

- Den Apfelcrumble im heißen Ofen etwa 40 Minuten backen, bis die Streusel goldbraun sind.

Unser TIPP

Besonders raffiniert sind herzhafte Crumbles als Beilage oder als Hauptgang mit einem Salat dazu. Ob mit Tomaten, Schwarzwurzeln oder anderem Wurzelgemüse – hier sind der Kreativität keine Grenzen gesetzt. Die herzhaften Streusel werden mit würzigem Käse und frischen Kräutern besonders schmackhaft.

SCHICHTDESSERT

MIT MARONEN

ZUTATEN:

Für die Maronenbuttercreme:
- 500 ml Milch
- 1 Päckchen Sahnepuddingpulver
- 4 EL Zucker
- 200 g Maronen (gegart)
- 2 EL Zucker
- 250 g weiche Butter
- 2 EL Puderzucker

Für das Obst:
- 500 g Brombeeren oder Zwetschgen
- 4 EL Zucker
- 2 TL Kartoffelstärke

Für die Streusel:
- 20g Butterkekse

Zubereitungszeit:
45 Minuten +
30 Minuten Abkühlen

Schichtdesserts sind immer ein Hingucker und lassen sich sehr gut vorbereiten. Für einen genussvollen Abend mit Freunden also genau der richtige Abschluss. Fruchtig, buttrig, nussig und crunchy – dieses Dessert bietet alles. Man kann es entweder mit den letzten Brombeeren zubereiten oder man nimmt saftige Zwetschgen.

ZUBEREITUNG:

- Für die Maronenbuttercreme die Milch, das Puddingpulver und 2 Esslöffel Zucker nach Packungsanweisung kochen und auskühlen lassen.

- Währenddessen für das Obst die Brombeeren oder die Zwetschgen waschen, letztere zusätzlich entsteinen. Die Früchte mit dem Zucker aufkochen, die Stärke einrühren und etwas eindicken lassen. Für die Streusel die Butterkekse zerbröseln und 4 Gläser bereitstellen.

- Wenn der Pudding auf Zimmertemperatur abgekühlt ist, diesen mit den Maronen und dem restlichen Zucker im Standmixer oder in der Küchenmaschine fein pürieren. In eine Schüssel umfüllen.

- Die weiche Butter in der Küchenmaschine mit dem Puderzucker aufschlagen. Nach und nach die Maronenmasse hinzufügen und weiter aufschlagen, bis die ganze Masse untergerührt ist.

- Nun in die Gläser abwechselnd Keksbrösel, Früchte und Buttercreme schichten.

Unser TIPP

Die Buttercreme kann man mit dem Löffel auf die Gläser verteilen oder man nutzt einen Spritzbeutel. Falls das Dessert nicht gleich aufgetischt wird, sollte man es kalt stellen.

KÜRBIS

CHEESECAKE

ZUTATEN:

Für das Kürbispüree:
- ½ kleiner Hokkaidokürbis
- Salz
- 3 Butterflocken

Für den Teig:
- 125 g Löffelbiskuit
- 50 g Butter
- 1 Msp. Vanillemark

Für die Füllung:
- 450 g Frischkäse
- 160 g Zucker
- 4 Eier
- 8–10 EL Kürbispüree (s. o.)
- ½ TL gemahlener Zimt

Für das Topping:
- 400 g Schmand
- 5 TL Zitronensaft
- 1 ½ TL Zucker

Außerdem:
- Tortenring (rechteckig 22 x 22 cm; rund ø 24 cm)

Zubereitungszeit:
45 Minuten + 1 Stunde Backzeit + 3 Stunden und über Nacht Kühlzeit

ZUBEREITUNG:

- Den Backofen auf 150 °C Ober-/Unterhitze vorheizen. Währenddessen zuerst das Kürbispüree kochen: Dafür den Kürbis waschen, halbieren, entkernen und das Fruchtfleisch in kleine Würfel schneiden. Die Würfel in einem Topf komplett mit Wasser bedecken, leicht salzen und etwa 15 Minuten garen, bis der Kürbis weich ist. Das Wasser fast komplett abgießen und die Kürbisstücke pürieren, dabei die Butterflocken untermischen. Abkühlen lassen.

- Für den Teig den Löffelbiskuit ganz fein zerstoßen. Die Butter in einem kleinen Topf oder einer Pfanne mit dem Vanillemark zerlassen, den Löffelbiskuit dazugeben und kräftig rühren, bis die Butter komplett aufgesogen ist. Die Masse in einem Tortenring verteilen und im heißen Ofen auf mittlerer Schiene 10 Minuten vorbacken.

- Inzwischen für die Füllung den Frischkäse und den Zucker mit dem Handrührgerät vermengen. Die Eier einzeln nacheinander dazugeben und weiterrühren. Das Kürbispüree und den Zimt untermischen. Den vorgebackenen Boden aus dem Ofen nehmen und kurz abkühlen lassen. Der Backofen bleibt eingeschaltet.

- Die Füllung auf dem Boden verteilen und den Cheesecake im heißen Ofen 50 Minuten backen. Nach dem Backen den Kuchen mindestens 3 Stunden auskühlen lassen. Der Belag wird wahrscheinlich etwas einreißen, das macht aber nichts, denn wir haben ja noch das Topping.

- Den Backofen noch einmal auf 150 °C Ober-/Unterhitze vorheizen. Für das Topping den Schmand mit dem Zitronensaft und dem Zucker gut vermischen. Die Masse gleichmäßig auf dem Kuchen verteilen und den Cheesecake nochmals 10 Minuten backen. Wieder auskühlen lassen und dann am besten über Nacht im Kühlschrank aufbewahren.

WINTER

- KREATIV UND GESUND -

In der kalten Jahreszeit wird die Auswahl an frischem Obst oder Gemüse wesentlich kleiner. Aber das ist kein Problem, wenn man vorgesorgt hat. Jetzt werden die Vorräte herangezogen, die man im Sommer und Herbst angelegt hat. Eingelegt und eingelagert lautet die Devise.

good
FOOD
good
MOOD

SELLERIE

•CREMESUPPE•

ZUTATEN:

Für die Suppe:
- 1 Sellerieknolle
- 5 mehligkochende Kartoffeln
- 1 Lauchstange (ca. 5 cm)
- 1 Knoblauchzehe
- Öl zum Braten
- 500 g Sahne
- Salz und Pfeffer
- 1 Handvoll Petersilie

Für den Kartoffelcrunch:
- 2–3 festkochende Kartoffeln
- Olivenöl zum Braten
- Salz und Pfeffer
- Schnittlauchröllchen zum Bestreuen

Zubereitungszeit:
20 Minuten +
20 Minuten Kochzeit

Normalerweise ist Sellerie bei uns immer Teil einer Gemüsebrühe oder einer Gemüsepfanne. Wir haben festgestellt, dass man ihn zum Beispiel auch als gedämpfte Rohkost essen kann. Nachdem wir allerdings einmal so viel Sellerie übrig hatten, dass wir nicht mehr wussten, was wir damit machen sollten, haben wir ihn einfach zu einer cremigen Suppe verarbeitet. Prinzipiell lässt sich der Sellerie aber auch durch anderes Wurzelgemüse austauschen (beispielsweise Petersilienwurzeln oder Pastinaken).

ZUBEREITUNG:

- Für die Suppe den Sellerie und die Kartoffeln schälen und in grobe Würfel schneiden. Den Lauch putzen, waschen und in feine Streifen schneiden. Den Knoblauch schälen und hacken oder durchpressen. Etwas Öl in einem großen Topf erhitzen, Knoblauch und Lauch darin kurz anbraten. Den Sellerie und die Kartoffeln hinzufügen und so viel Wasser angießen, dass alles bedeckt ist. Das Ganze aufkochen und bei mittlerer Hitze etwa 20 Minuten garen, bis der Sellerie und die Kartoffeln weich sind.

- Inzwischen für den Crunch die Kartoffeln mit Schale gründlich waschen und auf einer Reibe klein raspeln. Etwas Olivenöl in der Pfanne erhitzen, die Kartoffelraspel hineingeben und anbraten, bis sie auf der Unterseite goldbraun sind. Dann wenden und weiterbraten, bis sie schön knusprig sind.

- Die Suppe mit dem Stabmixer pürieren, dabei nach und nach die Sahne dazugeben. Pürieren, bis eine sämige, aber trotzdem nicht zu feste Suppe entsteht. Falls sie zu dickflüssig sein sollte, langsam mit Wasser etwas verdünnen. Abschließend mit Salz und Pfeffer abschmecken.

ZITRONEN

DRESSING

ZUTATEN FÜR 200–250 ML:

- 3 EL Weißweinessig
- 5 EL kalt gepresstes Distelöl
- Saft von 1 Zitrone
- 2 TL mittelscharfer Senf
- 1 TL getrocknete Dillspitzen

Zubereitungszeit: 5 Minuten

Zitrusfrüchte kann man zwar das ganze Jahr über kaufen, Saison haben die Früchte in Europa von November bis März. Wir nutzen Zitrusfrüchte, vor allem Zitronen, sehr häufig in unserer Küche. Die fruchtige Säure verleiht vielen Gerichten Frische und den gewissen Pep.

Wir achten darauf, Biofrüchte aus den südeuropäischen Ländern zu kaufen und auf Ware aus Übersee zu verzichten, damit die Transportwege möglichst kurz bleiben. Bei manchen Biobauern kann man direkt kistenweise Ware bestellen. Kühl und trocken gelagert, halten sich Zitrusfrüchte sehr lang.

Wer über genug Platz auf Balkon, Terrasse oder im Garten und einen kühlen Überwinterungsort verfügt, kann Zitrusfrüchte selbst anbauen. Wir haben seit Jahren einen Zitronenbaum auf dem Balkon stehen, der uns schon die ein oder andere Zitrone geschenkt hat.

ZUBEREITUNG:

- Alle Zutaten in einem Schraubglas kräftig durchschütteln, bis ein homogenes Dressing entstanden ist.

Unser TIPP

Für mehr Abwechslung kann man den Zitronensaft durch Saft von Orangen, Blutorangen, Mandarinen, Limetten oder Grapefruits ersetzen.

FELDSALATPESTO

UND ZITRONENPESTO

FELDSALATPESTO ZUTATEN:

- 60 g Sonnenblumenkerne
- 100 ml Rapsöl
- 150 g Feldsalat
- 50 g geriebener Parmesan
- Salz und Pfeffer

Zubereitungszeit: 10 Minuten

ZITRONENPESTO ZUTATEN:

- 100 g Sonnenblumenkerne
- 150 ml Olivenöl extra vergine
- Saft und Abrieb von 2 Biozitronen
- 80 g geriebener Parmesan
- 1 kleine Knoblauchzehe
- 2 EL flüssiger Honig
- Salz und Pfeffer

Zubereitungszeit: 10 Minuten

Pasta mit Pesto ist immer eine gute Wahl. Auch im Winter müssen wir nicht auf frisch zubereitetes Pesto verzichten. Diese zwei Varianten bieten Abwechslung auf dem Esstisch.

FELDSALATPESTO ZUBEREITUNG:

- Die Sonnenblumenkerne in einer unbeschichteten Pfanne ohne Fett anrösten. Den Feldsalat verlesen, gründlich waschen und trocken schleudern. Eine große Handvoll Feldsalat beiseitelegen. Den Rest mit den übrigen Zutaten im Standmixer zu einem cremigen Pesto pürieren. Eventuell etwas mehr Öl angießen. Beim Anrichten den frischen Feldsalat unter die Nudeln mischen.

ZITRONENPESTO ZUBEREITUNG:

- Die Sonnenblumenkerne in einer unbeschichteten Pfanne ohne Fett anrösten. Die Knoblauchzehe schälen, grob hacken und mit den restlichen Zutaten in einen Standmixer geben. Das Ganze mixen, bis ein cremiges Pesto entsteht. Eventuell etwas mehr Öl angießen.

KAROTTENSALAT

MIT GRAPEFRUIT

ZUTATEN:

Für den Salat:
- 2 EL Zucker
- 80 g Walnusskerne
- 2 Grapefruits
- 5 Karotten

Für das Dressing:
- 5 EL Grapefruitsaft
- 1 EL Apfelessig
- 2 EL geröstetes Walnussöl
- 3 EL Rapsöl
- Salz und Pfeffer
- 1 Prise gemahlener Kreuzkümmel

Zubereitungszeit:
20 Minuten

Zugegeben, Ende des Winters wiederholen sich Kohl- und Wurzelgemüse immer wieder. Dieser Salat bringt da noch einmal Abwechslung und einen Frischekick auf den Tisch. Das Rezept ist eher zufällig entstanden. Da Karotten eine beliebte Lagerware für die Wintermonate sind, können wir gar nicht genug Rezepte sammeln. Wir mögen Karotten gern als Rohkostsalat und im Winter haben wir außerdem gern die pinken Grapefruits im Haus. Warum nicht Frucht und Gemüse kombinieren? Diese Kombinationen finden wir besonders interessant. Abgerundet wird der fruchtig-saure Salat mit dem karamellisierten Crunch der Walnüsse.

ZUBEREITUNG:

- Den Zucker in einer unbeschichteten Pfanne erhitzen. Die Walnusskerne grob hacken und zum Zucker geben, wenn dieser goldgelb ist. Umrühren, bis alle Walnüsse karamellisiert sind. Die Walnüsse auf einem Teller verteilen und beiseitestellen.

- Die Grapefruits filetieren. Dazu zuerst die Ober- und Unterseite abschneiden, danach die Schalen mitsamt der weißen Haut herunterschneiden. Nach und nach die Filets einzeln zwischen den Lamellen herauslösen und in mundgerechte Stücke schneiden. Das Übriggebliebene der Grapefruit auspressen und für das Dressing beiseitestellen.

- Die Karotten gründlich waschen, raspeln und mit den Grapefruitstücken in einer Schüssel mischen. Die Zutaten für das Dressing in einem Schraubglas gut durchschütteln und zum Salat geben. Den Salat auf Teller verteilen und mit den karamellisierten Walnüssen bestreuen.

ROSENKOHL SALAT

ZUTATEN:

Für den Salat:
- 500 g Rosenkohl
- 1 TL Salz
- 2 Äpfel
- 2 Handvoll Haselnusskerne
- 2 Handvoll Rosinen

Für das Dressing:
- 1 TL scharfer Senf
- 1 TL süßer Senf
- 1 TL Sojasauce
- 2 EL Apfelessig
- 3 EL kalt gepresstes Distelöl

Zubereitungszeit:
20 Minuten + 1 Stunde Durchziehen

Oft testen wir eine völlig andere Zubereitung für Ausgangsprodukte, als man sie klassischerweise kennt. Man muss eben auch einmal den Pfad verlassen, damit neue Dinge entdeckt werden. So ging es uns mit diesem Rosenkohlsalat. Wir hatten im Garten versuchsweise Rosenkohl angepflanzt und auf Anhieb eine ansehnliche Ausbeute erzielt. Die ganz klassische Zubereitung, bei der der Rosenkohl einfach gekocht oder gedämpft wird, findet bei uns so gut wie nicht mehr statt. Oft machen wir damit ein Pfannengemüse. Da wir aber auch viel Salat essen, haben wir dieses Mal überlegt, einen vitaminreichen Wintersalat zu kreieren. Dabei wird der Rosenkohl als Rohkost verarbeitet, und zusammen mit den Äpfeln und den Rosinen hat man sozusagen einen schönen frischen Krautsalat.

ZUBEREITUNG:

- Den Rosenkohl putzen, waschen und in feine Scheiben schneiden. Die Scheiben in einer Schüssel mit dem Salz verkneten und 1 Stunde durchziehen lassen.

- Die Äpfel waschen, trocknen und raspeln. Die Haselnüsse grob hacken und mit den Rosinen zum Rosenkohl geben.

- Die Zutaten für das Dressing in einem Schraubglas durchschütteln, bis sich alles gut verbunden hat. Das Dressing über den Salat geben und gut untermischen.

ROTE-BETEN-

•SALAT•

ZUTATEN:

- 800 g Rote Beten
- 8 große Gewürzgurken
- 100 ml Gewürzgurkensud
- 2 EL Rapsöl
- Salz und Pfeffer
- 1 rote Zwiebel
- 1 Bund Dill
- 200 g Schmand

Zubereitungszeit:
30 Minuten + 30 Minuten Abkühlen

Im Garten wächst bei uns ein buntes Potpourri an Beten – gelbe, rot-weiß geringelte, dunkelrote runde, rote lange und ganz weiße Knollen. Jede Sorte hat ihren ganz eigenen Geschmack. Die Sorte Tonda di Chioggia, die sogenannte Ringelbete, isst man am besten roh. Fein gehobelt bringt sie nicht nur Farbe, sondern eine angenehme Süße in jeden Salat. Ausgesät wird in Reihen, die unbedingt ausgedünnt werden müssen, damit sich die Knollen gut entwickeln können. Im Sommer sollte man auf regelmäßige Wassergabe achten, wenn man besonders große Beten ernten möchte.

Die Haupternte beginnt im Herbst. Die Beten können allerdings im Beet stehen bleiben, solange keine Frostgefahr besteht. In Kisten mit Sand bedeckt, lassen sich die Beten über den Winter lagern und sind deshalb ein Muss in der Wintergemüseküche.

ZUBEREITUNG:

- Die Beten gründlich waschen, dabei die Schale nicht verletzen, und in kochendem Wasser etwa 20 Minuten weich garen. Abgießen und auskühlen lassen.

- Die Beten und die Gewürzgurken in Stifte oder in Würfel schneiden und mit Gewürzgurkensud, Öl, Salz und Pfeffer in einer Schüssel marinieren. Die Zwiebel schälen und in feine Ringe hobeln. Den Dill waschen, trocken schütteln und grob hacken.

- Zum Anrichten den Betensalat auf Teller verteilen, jeweils 1 Esslöffel Schmand in die Mitte geben und mit den Zwiebelringen und dem Dill bestreuen.

Unser TIPP

Die Blätter der Beten lassen sich hervorragend in einem gemischten grünen Salat nutzen oder wie der Spinat auf Seite 42 zubereiten.

OFENGEMÜSE

NACH WINTERLICHER ART

ZUTATEN FÜR 1 BLECH:

- 800 g Wintergemüse
- 5 EL Rapsöl
- 1 TL gemahlener Koriander
- 1 TL gemahlener Kreuzkümmel
- 1 TL Salz
- ½ TL Paprikapulver rosenscharf

Zubereitungszeit:
10 Minuten +
20 Minuten Backzeit

Karotten, Sellerie, Pastinaken, Petersilienwurzeln, bunte Beten, Lauch, Zwiebeln, Kürbis, Kartoffeln, Rüben und jegliche Kohlarten – für ein Blech Wintergemüse aus dem Ofen eignen sich eigentlich alle Gemüsesorten, die im Winter verfügbar sind. Serviert wird es mit Joghurt, abgeschmeckt mit etwas Zitronensaft, gemahlenem Kreuzkümmel und Salz. Dazu gibt es Couscous oder ein paar Scheiben Weißbrot.

ZUBEREITUNG:

- Den Ofen auf 200 °C Umluft vorheizen. Das Gemüse putzen und waschen, bei Bedarf schälen und in mundgerechte Stücke schneiden. Auf einem tiefen Backblech das Gemüse mit dem Öl und den Gewürzen mischen und im heißen Ofen etwa 20 Minuten backen. In dieser Zeit das Gemüse ab und zu wenden, damit es von allen Seiten schön angeröstet wird.

Unser TIPP

Um zusätzlich zum Gemüse noch Eiweiß zu integrieren, mischt man vor dem Backen 1 Dose Kichererbsen unter das Gemüse.

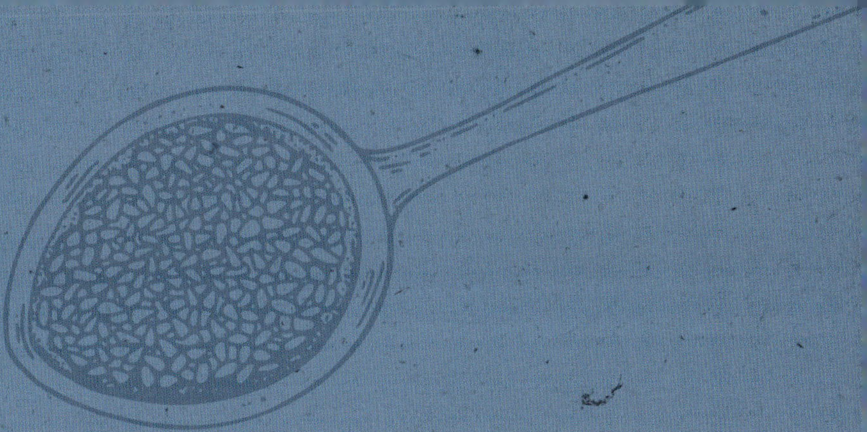

WIRSING-

UND KAROTTENGEMÜSE MIT DINKEL

ZUTATEN:

- 500 g Kochdinkel
- Salz
- 3 Karotten
- ½ Wirsing
- Öl zum Braten
- Saft von ½ Zitrone
- 1 Schuss Weißwein
- 3 EL Naturjoghurt
- Pfeffer
- 150 g Schafskäse

Zubereitungszeit:
30 Minuten

Wirsing bauen wir im Garten in einem Mischkulturbeet zusammen mit Weißkraut, Rotkraut, Spitzkraut, Erbsen oder Bohnen, Salaten und Mangold an. Dazwischen tummeln sich Tagetes, Löwenmäulchen und Ringelblumen. Ab April werden die vorgezogenen Pflänzchen ausgesetzt. Wie alle Kohlpflanzen möchte der Wirsing gut mit Wasser versorgt werden. Wir mulchen zusätzlich mit Wermut, Grasschnitt und Brennnesseln. Das schützt den Boden vor dem Austrocknen.

Der Wirsing lässt sich sehr gut lagern, kann aber auch länger im Beet stehen bleiben und nach Bedarf geerntet werden.

Am liebsten essen wir Wirsing kurz angebraten, wie im Rezept beschrieben, mit etwas Joghurt und Zitronensaft. Er macht sich ebenso gut in jedem Eintopf oder als Krautwickel mit einer Pilzfüllung.

ZUBEREITUNG:

- Den Dinkel in kochendem Salzwasser 20 Minuten weich garen. Währenddessen die Karotten gründlich waschen und würfeln. Die Wirsingblätter vom Kopf lösen, waschen, trocknen und in feine Streifen schneiden.

- Die Karottenwürfel in etwas Öl scharf anbraten und bei niedriger Hitze 10 Minuten garen. In eine Schüssel umfüllen und beiseitestellen. Jetzt den Wirsing mit etwas Öl anbraten. Mit Zitronensaft und Weißwein ablöschen und die Flüssigkeit kurz einkochen. Den Wirsing von der Herdplatte nehmen, den Joghurt unterrühren und mit Salz und Pfeffer abschmecken.

- Den Dinkel auf Teller verteilen, Wirsing und Karotten darübergeben und mit dem zerbröselten Schafskäse bestreuen.

PASTINAKEN-

POMMES MIT SCHMANDDIP

ZUTATEN:

Für die Pommes:
- 600 g Pastinaken
- 4 EL Rapsöl
- 1 TL Paprikapulver edelsüß
- 1 Prise frisch geriebene Muskatnuss
- 1 TL Salz

Für den Dip:
- 100 g Schmand
- 100 g Speisequark
- 1 TL Paprikapulver rosenscharf
- 1 Prise Cayennepfeffer
- 1 Prise gemahlener Kümmel
- 1 Schuss Rapsöl
- ½ TL Salz
- 1 Spritzer Zitronensaft

Zubereitungszeit:
15 Minuten +
24 Minuten Backzeit

Pommes selbst zu machen ist einfach. Wenn man keine Fritteuse zu Hause hat, lassen sie sich sehr gut im Ofen zubereiten. Neben dem Klassiker aus Kartoffeln kommen mittlerweile Pommes aus verschiedensten Gemüsesorten auf den Tisch. Süßkartoffeln, Karotten und eben auch Pastinaken eignen sich dafür.

Pastinaken gehören zu der Familie des Wurzelgemüses und sind aus der Wintergemüseküche nicht wegzudenken. Man erntet sie ab Herbst, ihren typisch süßlichen Geschmack entwickeln sie allerdings erst so richtig durch Frosteinwirkung. Pastinaken eignen sich sehr gut für cremige Suppen, Eintöpfe, als Püree und auch als Rohkostsalat. Im Handel wird die Pastinake meist ohne Grün angeboten. Baut man sie allerdings im Garten an, kann man die Blätter genau wie bei Karotten oder Petersilienwurzeln zum Würzen oder Bestreuen von Suppen und Eintöpfen nutzen.

ZUBEREITUNG:

- Den Backofen auf 180 °C Umluft vorheizen. Inzwischen die Pastinaken gründlich waschen, längs in 1 Zentimeter dicke Scheiben schneiden und dann noch mal alle Scheiben in etwa 1 Zentimeter dicke Stifte schneiden.

- Die Stifte mit Öl, Paprikapulver, Muskatnuss und Salz gut vermischen, auf einem Backblech verteilen und im heißen Ofen etwa 12 Minuten backen.

- Die Ofentemperatur auf 250 °C erhöhen und die Pommes noch einmal etwa 12 Minuten knusprig backen. Dabei ab und zu wenden, damit sie von allen Seiten schön kross werden.

- In dieser Zeit für den Dip alle Zutaten in einer Schüssel gut miteinander verrühren.

ROTKRAUT-

FALAFEL

ZUTATEN:

- 200 g getrocknete Kichererbsen
- 200 g Rotkohl
- 1 kleine Zwiebel
- 1 Knoblauchzehe
- 1 EL Tahini (Sesampaste)
- 1 TL Backpulver
- 1 TL gemahlener Kreuzkümmel
- ½ TL Paprikapulver rosenscharf
- Salz
- Pfeffer

Zubereitungszeit:
40 Minuten +
12 Stunden Einweichen

Falafel sind auf einem Salat oder in Fladenbrot mit Joghurt serviert eine vollwertige Mahlzeit, die auch im Winter Abwechslung auf den Teller bringt. Durch das Rotkraut sind die frittierten Bällchen innen blau. Ersetzt man es durch Rote Beten, Karotten oder Spinat, hat man einen ganzen Regenbogen an Falafelbällchen.

Wir bereiten dazu einen schnellen Salat aus Zwiebel, Karotte und Weißkraut zu, indem wir alle Zutaten fein hobeln und mit Salz und Essig abschmecken.

ZUBEREITUNG:

- Die Kichererbsen über Nacht in Wasser einweichen, danach abgießen und gründlich abspülen.

- Den Rotkohl waschen und grob hacken. Die Zwiebel und die Knoblauchzehe schälen und ebenfalls in Würfel schneiden.

- Alle Zutaten mit 1 Teelöffel Salz und 1 Prise Pfeffer in einem leistungsstarken Standmixer pürieren, bis eine homogene Masse entstanden ist. Eventuell etwas Wasser dazugießen.

- Die Masse mit einem Teelöffel portionieren und kleine flache Bällchen formen.

- Genügend Öl in einer Pfanne oder in einem Topf erhitzen, um die Falafelbällchen leicht von allen Seiten frittieren zu können.

Unser TIPP

Wir bereiten immer einen großen Schwung Falafel zu, um die Hälfte einzufrieren. Nach dem Frittieren lässt man die Falafel abkühlen und friert sie dann in einem geeigneten Behälter ein. Später muss man sie nur auftauen und im Ofen erwärmen.

CHILI

SIN CARNE

ZUTATEN:

- 2 Zwiebeln
- 2 Knoblauchzehen
- 3 EL Olivenöl extra vergine
- 3 grüne Chilischoten
- ½ TL gemahlener Cayennepfeffer
- 800 g stückige Tomaten
- 1,5 l Gemüsebrühe
- 100 g Graupen
- 200 g Belugalinsen
- 100 g Bulgur
- 3 Dosen Bohnen à 400 g Abtropfgewicht
- 1 Dose Mais à 285 g Abtropfgewicht
- 2 EL Kakaopulver
- 1 TL gemahlener Kreuzkümmel
- 2 TL gemahlener Koriander
- Salz und Pfeffer
- gehackte Petersilie oder Koriandergrün zum Bestreuen
- Weißbrot oder Tortillas zum Servieren

Zubereitungszeit:
10 Minuten + 1 Stunde Kochzeit

Der Klassiker vegan interpretiert. Anstatt Hackfleisch werden Linsen, Bulgur und Graupen verwendet. Das Chili hat sogar überzeugte Fleischesser schon erstaunt zurückgelassen.

Beim Mais scheiden sich die Geister – wir essen gern Mais im Chili. Generell gilt für alle Rezepte und sowieso immer: Alles kann, nichts muss. Bei den Bohnen mischen wir Kidneybohnen, kleine weiße und schwarze Bohnen.

Vom Chili sollte man immer einen sehr großen Topf kochen, denn richtig gut schmeckt es erst am nächsten Tag.

ZUBEREITUNG:

- Die Zwiebeln und die Knoblauchzehen schälen, fein hacken und in einem großen Topf im Olivenöl anbraten. Die Chilischoten waschen, vom Stielansatz befreien, in feine Ringe schneiden und in den Topf geben. Den Cayennepfeffer einstreuen und kurz mitschwitzen.

- Dann die Tomaten, die Gemüsebrühe, die Graupen, die Linsen, den Bulgur, die abgetropften Bohnen, den abgetropften Mais, Kakaopulver, Kreuzkümmel und Koriander hinzufügen. Alles aufkochen und bei niedriger Hitze 1 Stunde köcheln. Falls nötig, etwas Wasser angießen.

- Das Chili probieren und nach Geschmack mit Salz und Pfeffer würzen und mit etwas gehackter Petersilie oder frischem Koriandergrün bestreuen. Dazu reichen wir Weißbrot oder Tortillas.

PASTA MIT

GRÜNKOHL UND GORGONZOLA

ZUTATEN:

- 500 g Pasta (z. B. Fusilli)
- Salz
- 250 g Grünkohl
- 1 Zwiebel
- 1 Knoblauchzehe
- 1 EL Olivenöl extra vergine
- 1 Schuss Weißwein
- 1 EL Weizenmehl
- 200 g Sahne
- 400 ml Milch
- 4 EL Sonnenblumenkerne
- 200 g Gorgonzola
- 1 Prise frisch geriebene Muskatnuss
- Pfeffer
- Chiliflocken zum Bestreuen (nach Geschmack)

Zubereitungszeit:
30 Minuten

Wir beziehen seit Jahren eine Biokiste, die uns wöchentlich geliefert wird. Darin befinden sich immer mal wieder Gemüsesorten, die wir bisher noch nicht kannten. Wir versuchen immer Zutaten zusammenzubringen, die miteinander harmonieren. Das ist natürlich schwierig, wenn man etwas noch nie zuvor gegessen hat, wie bei uns der Grünkohl. Es ist uns aber auf Anhieb gelungen. Die Verbindung des gebratenen Grünkohls mit der Gorgonzolasauce und den gerösteten Sonnenblumenkernen ist ein Traum und seither ist es eines unserer liebsten Pastagerichte.

ZUBEREITUNG:

- Die Pasta in reichlich Salzwasser nach Packungsanweisung al dente kochen.

- Inzwischen die Grünkohlblätter gründlich waschen, von den Rispen abzupfen und in kleine Stücke schneiden. Die Zwiebel und die Knoblauchzehe schälen und würfeln, dann in einer Pfanne im Olivenöl anbraten. Den Grünkohl dazugeben und etwa 5 Minuten mitbraten. Mit dem Weißwein ablöschen und mit dem Mehl bestäuben. Sahne und Milch angießen und alles gut verrühren.

- Einige Schöpfkellen Nudelwasser abnehmen, dann die Nudeln in ein Sieb abgießen und abtropfen lassen. Die Sauce mit dem abgenommenem Nudelwasser auf die gewünschte Konsistenz bringen. Die Sonnenblumenkerne in einer unbeschichteten Pfanne ohne Fett anrösten.

- Den Gorgonzola klein schneiden und unterrühren. Mit Muskatnuss und Pfeffer würzen.

- Die Nudeln auf Teller verteilen, die Grünkohlsauce darübergeben und mit Sonnenblumenkernen bestreuen. Wer möchte, kann zusätzlich Chiliflocken darüberstreuen.

HASELNUSSPASTA

MIT GEBRATENEM ROTKRAUT

ZUTATEN:

- 500 g Pasta (z. B. Fusilli)
- 500 g Rotkohl
- Rapsöl zum Braten
- Salz
- 1 Zwiebel
- 1 Knoblauchzehe
- 4–5 EL Haselnussmus
- Pfeffer
- 2–3 Handvoll gehackte Haselnusskerne

Zubereitungszeit:
30 Minuten

*Rotkraut will uns im Garten noch nicht so gut gelingen. Entweder die kleinen Köpfe werden von Raupen befallen und von Wühlmäusen abgefressen oder es ist einfach so trocken, dass die Köpfe nicht recht wachsen möchten. Aber ein*e Gärtner*in gibt so schnell nicht auf. Wir setzen unsere Kohlpflänzchen an unterschiedliche Orte im Garten, experimentieren mit Mischkulturen und verwöhnen sie mit einer Extrawassergabe.*

In der Küche essen wir Rotkraut am liebsten angebraten. Das Kraut offenbart seine Süße und gleichzeitig sind da die feinen Röstaromen, die eine ganz neue Seite des Rotkrauts aufzeigen. Überhaupt sollte man alle Kohlarten einmal angebraten probieren – eine ganz neue Geschmackserfahrung.

ZUBEREITUNG:

- Die Pasta in reichlich Salzwasser nach Packungsanweisung al dente kochen.

- Inzwischen den Rotkohl waschen, in feine Streifen schneiden und im Öl anbraten. Salzen und beiseitestellen.

- Die Zwiebel und die Knoblauchzehe schälen, würfeln und ebenfalls in Öl anbraten. Etwa 6 Schöpfkellen Nudelwasser abnehmen, dann die Nudeln in ein Sieb abgießen und abtropfen lassen.

- Das abgeschöpfte Nudelwasser in die Zwiebelpfanne geben und das Haselnussmus mit dem Schneebesen einrühren. Die Nudeln untermischen und mit Salz und Pfeffer würzen.

- Die Nudeln in eine große Schüssel geben, das Rotkraut darauf verteilen und mit den gehackten Haselnüssen bestreuen.

KRAUTPFANNE
MIT ASIANUDELN

ZUTATEN:

- ½ Weißkohl
- 1 Lauchstange
- 2 Karotten
- 1 walnussgroßes Stück Ingwer
- 1 Knoblauchzehe
- Öl zum Braten (z. B. auch Sesamöl)
- 300 g Asianudeln (z. B. Soba, Somen, Udon)
- 4 EL Sesamöl
- 4 EL Sojasauce
- 2 EL Reisessig
- 3 EL Sesamsamen

Zubereitungszeit:
30 Minuten

Sich saisonal zu ernähren, bedeutet im Winter, dass es viel Wurzel- und Kohlgemüse gibt. Das kann durchaus anstrengend werden. Mithilfe der asiatischen Küche kann hier mit kleinem Aufwand große Abwechslung geschaffen werden. Man benötigt nur wenige Zutaten, um dem Gemüse einen völlig anderen Touch zu geben und eine tolle Geschmacksvielfalt in den Winter zu bringen.

ZUBEREITUNG:

- Das Nudelwasser zum Kochen bringen. Währenddessen den Kohl waschen und entweder mit dem Messer fein schneiden, mit dem Gemüsehobel hobeln oder mit einer Reibe raspeln. Außer dem verholzten Ende des Strunks kann das komplette Kraut verwendet werden. Den Lauch putzen, waschen, längs halbieren und in Streifen schneiden. Die Karotten waschen und grob raspeln. Ingwer und Knoblauch schälen, fein würfeln.

- In einer Pfanne das Öl erhitzen, Ingwer und Knoblauch darin kurz anbraten. Das gesamte Gemüse dazugeben und 3–4 Minuten scharf anbraten, bei Bedarf etwas Öl nachgießen. Mit 1 Schuss Wasser ablöschen und bei niedriger Hitze bissfest garen. Für den ultimativen asiatischen Touch mit etwas Sojasauce oder Sake ablöschen und erst anschließend das Wasser hinzugeben. Mit etwas Salz würzen – nicht zu viel, da später noch die Sauce über die Nudeln gegeben wird.

- Das kochende Nudelwasser salzen und die Nudeln nach Packungsanweisung garen. Asiatische Nudeln benötigen in der Regel nur wenige Minuten Garzeit. Die fertigen Nudeln abgießen und kurz abtropfen lassen, dann direkt zum Gemüse in die Pfanne geben und gut durchmischen.

- Sesamöl, Sojasauce und Reisessig in einem kleinen Gefäß zusammenrühren. Die Nudeln auf Teller oder besser noch Schalen verteilen und die Sauce darüber verteilen. Abschließend mit etwas Sesam bestreuen.

WINTER-

GEMÜSETARTE

Diese Tarte ist perfekt geeignet, um schon etwas schrumpeliges Gemüse aus dem untersten Kühlschrankfach zu verarbeiten. Man könnte auch nur Rote Beten verwenden und etwas frisch geriebenen Meerrettich unter den Belag mischen. Im Sommer serviert man sie kalt mit gegrilltem Gemüse oder mit Tomaten, frischem Oregano und Oliven an einem lauen Sommerabend.

ZUTATEN:

Für den Teig:

- 250 g Dinkelvollkornmehl + Mehl für die Arbeitsfläche
- 2 g frische Hefe
- 3 EL Olivenöl extra vergine
- Salz

Für den Belag:

- 4 Karotten
- ½ Stange Lauch
- 1 Pastinake
- 3 EL Rapsöl
- Pfeffer

Für die Käsemasse:

- 180 g geriebener Cheddar
- 250 g Mascarpone
- 1 Ei
- 1 Prise frisch geriebene Muskatnuss

Außerdem:

- runde Tarteform (ø 26 cm)

Zubereitungszeit:
30 Minuten + 20 Minuten Garzeit + 30 Minuten Backzeit + 1 Stunde Ruhen

ZUBEREITUNG:

- Den Backofen auf 200 °C Ober-/Unterhitze vorheizen.

- Für den Teig alle Zutaten mit 80 Milliliter Wasser und 1 Teelöffel Salz in einer Schüssel mit der Hand zu einem geschmeidigen Teig kneten. Abgedeckt mindestens 30 Minuten, besser 1 Stunde an einem warmen Ort gehen lassen.

- Währenddessen für den Belag das Gemüse putzen, waschen und in mundgerechte Stücke schneiden. Die Stücke mit Öl, Salz und Pfeffer auf einem tiefen Backblech vermischen und im heißen Ofen auf mittlerer Schiene 20 Minuten garen.

- Inzwischen für die Käsemasse 150 Gramm vom geriebenen Cheddar mit Mascarpone und Ei in einer Schüssel verrühren und mit Muskat, Salz und Pfeffer eher einen Tick zu würzig abschmecken.

- Wenn das Gemüse gar ist, die Backofentemperatur auf 180 °C reduzieren. Den Teig auf einer bemehlten Arbeitsfläche noch einmal kurz durchkneten und kreisrund ausrollen. Den Teigboden in die Tarteform legen und darauf achten, dass er überall auch den Rand hinaufreicht. Den Boden mit der Käsemasse gleichmäßig bestreichen und mit dem Gemüse belegen. Abschließend mit dem restlichen Cheddar bestreuen und im heißen Ofen auf mittlerer Schiene 30 Minuten backen.

SAUERKRAUT

SELBST GEMACHT

ZUTATEN:

- 700 g Weißkohl
- 15 g feines Meersalz
- Salzlake zum Auffüllen (10 g Meersalz auf 500 ml Wasser)

Außerdem:
- 1 Bügelglas à 1000 ml
- Gewicht zum Beschweren (alternativ Untertasse oder mit Wasser gefülltes Glas)

Zubereitungszeit:
20 Minuten +
1 Stunde Durchziehen +
10–14 Tage Fermentieren

Kraut assoziieren viele Menschen mit verkochter Kohlsuppe, dabei können die unterschiedlichen Kohlsorten so viel mehr. Und sie enthalten viele Vitamine.

Um das Beste aus einem Kohlkopf herauszuholen, fermentiert man ihn. Bei der milchsauren Vergärung entstehen gesunde Bakterien, die für unsere Darmflora äußerst förderlich sind. Deshalb sollte man das Sauerkraut möglichst pur und nicht erhitzt essen. Wir geben im Winter gern ein paar Gabeln davon auf einen Salat. Sauerkraut kann man angebraten auch gut zu Schupfnudeln servieren.

ZUBEREITUNG:

- Den Weißkohl in die gewünschte Form schneiden. Wir wechseln dabei gerne ab. Einmal schneiden wir es in grobe Stücke, ein anderes Mal hobeln wir das Kraut ganz fein. Den geschnittenen Kohl in einer Glasschüssel mit dem Salz gut verkneten und 1 Stunde ziehen lassen.

- Das Bügelglas mit heißem Wasser sterilisieren und das Kraut in das Glas schichten. Während des Schichtens immer wieder gut andrücken, damit keine Luftkammern entstehen. Das Kraut mit einem Gewicht beschweren und gegebenenfalls mit Salzlake auffüllen, bis alles bedeckt ist.

- Das Kraut mit offenem Deckel bei Zimmertemperatur (etwa 20 °C) 10 bis 14 Tage fermentieren lassen. Wir stellen das Bügelglas immer zur Sicherheit auf einen Teller. Danach kann man das Sauerkraut entweder gleich verzehren oder verschlossen im Kühlschrank lagern. Dort ist es bis zu 6 Monate haltbar.

Unser TIPP

Das Sauerkraut kann man auch mit Spitzkraut, Wirsing oder Rotkraut ansetzen und mit Gewürzen spielen, beispielsweise noch Lorbeerblätter, Nelken und Wacholderbeeren beigeben.

BRATBIRNEN

ZUTATEN:

- 4 Birnen
- 40 g Walnusskerne
- 30 g Rosinen
- 70 g Marzipan
- 1 Schuss Williams-Birnenschnaps
- 1 Prise frisch geriebene Muskatnuss
- 1 Prise gemahlener Zimt

Zubereitungszeit:
15 Minuten +
25–30 Minuten Backzeit

Es muss nicht immer der Bratapfel sein, auch Bratbirnen schmecken köstlich. Noch heiß aus dem Ofen mit Vanillesauce oder mit Vanilleeis und Sahne serviert.

Birnen sind zwar nicht so lagerfähig wie Äpfel, aber man findet regionale Sorten relativ lang bis ins neue Jahr hinein auf dem Markt oder im Einzelhandel. Geschmacklich gute Sorten sind beispielsweise Alexander Lucas, Gute Luise und Conference.

Es gibt zahlreiche alte Birnensorten, die man nur noch selten im Verkauf findet. Wer sich einen Birnbaum für den Garten zulegen möchte, sollte sich am besten in einer Obstbaumschule beraten lassen. Für den Anbau im Topf auf dem Balkon gibt es Sorten, die entweder als Säulen- oder Spalierobst gezogen werden. Man muss also ohne großen Garten nicht auf die Freuden eines Obstbaums verzichten. Es wird jedoch ein weiterer Birnbaum in der Nähe benötigt, der als Befruchter dient, denn Birnbäume sind nicht selbstbefruchtend.

ZUBEREITUNG:

- Den Backofen auf 200 °C Ober-/Unterhitze vorheizen. Den Deckel der Birnen abschneiden und das Kerngehäuse vorsichtig mit einem Messer entfernen.

- Für die Füllung die Nüsse, die Rosinen und das Marzipan grob hacken und mit den Gewürzen und dem Schnaps zu einer Masse verarbeiten. Die Birnen mit der Masse füllen und sie aufrecht in eine kleine Auflaufform stellen. Die Deckel auf die Birnen setzen und die Birnen im heißen Ofen auf mittlerer Schiene 25–30 Minuten backen.

Klasse

Petersilien
wurzel
€
3,60

REZEPTREGISTER

SAISON-

KALENDER

Gemüse	Jan.	Feb.	März	April	Mai	Juni	Juli	Aug.	Sep.	Okt.	Nov.	Dez.
Auberginen								GA F	GA F	GA F		
Blumenkohl				GA	F	F	F	F	F	F	F	
Bohnen						F	F	F	F	F		
Brokkoli					F	F	F	F	F	F	F	
Chicorée	L	L	L	L	L	L	L	L	L	L	L	L
Chinakohl	L	L	L	L	GA	F	F	F	F	F	F	L
Dicke Bohnen					F	F	F	F	F	F		
Erbsen					F	F	F	F	F			
Fenchel					GA	F	F	F	F	F	F	
Grünkohl	F	F							F	F	F	F
Gurken: Salat-, Minigurken		GG	GG	GG GA	GG GA	GG GA	GG GA	GG GA	GG GA	GG GA		
Gurken: Einlege-, Schälgurken						F	F	F	F			
Kartoffeln	L	L	L	L	L	L F	L F	L F	L F	L F	L F	L
Kohlrabi					GA F	F	F	F	F	F	UG	
Kürbis	L	L	L						F	F	F	L
Mangold					F	F	F	F	F	F		
Möhren	L	L	L	L	L GA	L F	F	F	F	F	F	L
Paprika								UG F	UG F	UG F		
Pastinaken; Wurzelpetersilie	L	L	L	L				F	F	F	F	L
Porree (Lauch)	L F	L F	L F	F	F	F	F	F	F	F	F	F
Radieschen				UG GA	F	F	F	F	F	F	F UG	
Rettich	L	L	L	L	L F	F	F	F	F	F	F	L
Rhabarber			GA	F	F	F	F					
Rosenkohl	L F	L F	L						F	F	F	F
Rote Beten	L	L	L	L	L	F	F	F	F	F	F	L
Rotkohl	L	L	L	L	L	L GA	F	F	F	F	F	L
Schwarzwurzel	L	L	L						F	F	F	L
Sellerie: Knollensellerie	L	L	L	L	L	L	F	F	F	F	F	L
Sellerie: Stangensellerie					GA	F	F	F	F	F	F	
Spargel				GA F	F	F						
Gemüse	Jan.	Feb.	März	April	Mai	Juni	Juli	Aug.	Sep.	Okt.	Nov.	Dez.

Gemüse	Jan.	Feb.	März	April	Mai	Juni	Juli	Aug.	Sep.	Okt.	Nov.	Dez.
Speiserüben (Mai-/Herbstrüben)					GA	F	F	F	F	F	F	
Spinat				F	F	F	F	F	F	F	F	
Spitzkohl	L	L			GA	F	F	F	F	F	F	L
Steckrüben (Kohlrüben)	L	L						F	F	F	F	L
Süßkartoffeln									F	F		
Tomaten: geschützter Anbau						GA	GA	GA	GA			
Tomaten: Gewächshaus			GG	GG	GG GA	GG GA	GG GA	GG GA	GG GA	GG GA	GG	
Topinambur	F	F	F									
Weißkohl	L	L	L	L	L GA	L GA	F	F	F	F	F	L
Wirsingkohl	L	L	L	L	L	GA	F	F	F	F	F	L
Zucchini						GA	F	F	F	F		
Zuckermais								F	F	F		
Zwiebeln	L	L	L	L	L	L GA	F	F	F	F	L	L
Zwiebeln: Bund-, Lauch-, Frühlings-				GA F	F	F	F	F	F	F	F	
Gemüse	Jan.	Feb.	März	April	Mai	Juni	Juli	Aug.	Sep.	Okt.	Nov.	Dez.

Obst	Jan.	Feb.	März	April	Mai	Juni	Juli	Aug.	Sep.	Okt.	Nov.	Dez.
Äpfel	L	L	L	L	L			F	F	F	L	L
Aprikosen							F	F				
Birnen	L							F	F	L	L	L
Brombeeren								F	F	F		
Erdbeeren					GA	F	F	F	F	GA		
Heidelbeeren						GA	F	F				
Himbeeren							F	F				
Johannisbeeren						F	F	F				
Kirschen, sauer							F	F				
Kirschen, süß						GA F	F	F				
Mirabellen							F	F				
Pfirsiche							F	F				
Pflaumen								F	F			
Quitten										F	F	
Stachelbeeren							F	F	F			
Tafeltrauben								F	F	F		
Obst	Jan.	Feb.	März	April	Mai	Juni	Juli	Aug.	Sep.	Okt.	Nov.	Dez.

F: Freilandprodukte (sehr geringe Klimabelastung)
GG: Produkte aus geheizten Gewächshäusern (hohe Klimabelastung)
GA: „Geschützter Anbau" (Abdeckung mit Folie oder Vlies, ungeheizt; geringe bis mittlere Klimabelastung)
L: Lagerware (geringe bis mittlere Klimabelastung)
UG: Produkte aus ungeheizten oder schwach geheizten Gewächshäusern (geringe bis mittlere Klimabelastung)

IMPRESSUM

Projektleitung: Eva Wagner
Bildredaktion: Sabine Kestler
Redaktion: Ulrike Kraus, Eva Wagner
Korrektorat: Barbara Kohl
Herstellung: Elke Cramer
Covergestaltung, Layout, Satz: OH, JA! (ww.oh-ja.com), München
Reproduktion: Mohn Media Mohndruck GmbH, Gütersloh
Druck & Bindung: Mohn Media Mohndruck GmbH, Gütersloh

Printed in Germany

MIX
Papier aus verantwortungsvollen Quellen
FSC® C011124
FSC
www.fsc.org

Penguin Random House Verlagsgruppe FSC® N001967

ISBN 978-3-579-09871-5

Klimaneutral
Druckprodukt
ClimatePartner.com/14044-1912-1001